狂女的逆襲。

狂女的逆襲

劉宛昀／譯

閔瑞瑛（민서영）／著

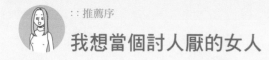

我想當個討人厭的女人

　　女人一生中至少會當一次討人厭的女人。國中的時候，因為我對老師的提問答得很好，坐在我後面的男生就嘲諷道：「X的，愛出風頭的討厭鬼。」我已經很努力地試著不要過於突出、自以為是，盡量以圓融的態度對待別人。但陷阱實在太多了。女人無論是太會讀書、不會讀書、長得美、長得醜、太有女人味、沒有女人味、說話坦率、說話不坦率，都會惹人厭。能避免挨罵的那條道路，既狹窄又險惡，於是我必須經常檢討自己。但是說來有點慚愧，我非但沒有對抗制定了上述標準的世界，還曾經批判站在那條路之外的女人：「那個婊子憑什麼強出頭？」

　　《狂女的逆襲》一書寫下了那些我想說出口，卻只能硬吞回去的話，以及因為害怕對方討厭我而不敢做的事。作家抓住了那無數隻想要鞭打女性的手，喝斥他們滾開。這看在我眼中很是痛快，但另一方面又想：「為什麼我不能這麼乾

脆？」就在正要開始感傷的瞬間，我聽見了作家為我打氣的聲音，告訴我遭遇這種狀況並非我們的錯，而是那些糟蹋我們的人做錯了。沒錯，過去那些為了不想成為婊子而掙扎，或必須承受婊子罵名的時候，也都不是我們的錯。所以，我再也不想為此自責了。

　　以後我會成為一個更討人厭的女人。我會謹記過去那個膽怯畏縮的自己，連她的份一起更勇敢地站出來。我會睜大雙眼直視這個世界，支持和關愛那些大膽說出自己故事的狂妄女子。如果還有人罵：「X的，愛出風頭的討厭鬼。」我會斜眼瞄他，再嗤地冷笑一聲。

　　唉，看來我非成為婊子不可。

　　　　　　　　　　《對我而言溫情的一天》 作者　冷冷的夏夜

:: 目錄

Part 1

男人、女人命運大不同

::序幕

腦濕…小英拉了我的雞雞…

因為她喜歡你才這樣啊～你們握手和好，好不好？

噢X的，你看到他那邊晃來晃去的樣子了嗎？

喔～那個魯蛇，倒貼給我都不要。如果把頭蓋住還差不多。

哇～我們英植，今天怎麼這麼漂亮？果然是我們系草～

以後也要繼續這樣打扮喔～

酒還是要男生來倒才好喝呀～

因為你就像我兒子才這樣說的啦！

堂堂男子漢的自信
全身除毛
BEFORE ▷ AFTER

花美男整型外科
翻轉
你的人生

你真的用力反抗了嗎？說真的，如果你不情願的話為什麼會勃起？其實你也很享受吧？反正性侵訴訟很難打贏啦。

據悉，因俗稱「○○站摩鐵事件」而廣為人知的殺人案件被害人金姓男子，事發當日穿著短褲，在酩酊大醉的狀態下，從夜店跟著第一次見面的李姓嫌疑人進入摩鐵。

偶像男團板
終極暴力男.jpg

是Rainboy Bieber（aka 勃起高手）
現在才14歲下面就很明顯了

- 匿名 - 但等到25歲就變成剩男了，只能去坐檯了
  匿名 - 變成剩男+1
  匿名 - 用我的遊戲幣賭他以後去做鴨

如果有一天男女性別對換的話？

我們應該都曾想像過這樣的世界吧？

小女孩的玩具不會只有粉紅色，也不是照顧娃娃、扮家家酒這種從家事延伸出的玩意，而是可以毫無顧慮地玩小火車、機器人的世界。沒有人會把掀裙子當成玩笑的世界。不需要在校服裡面再穿一件背心的世界。不會被灌輸「好好讀書才能嫁個好人家」這種觀念的世界。

月經來潮後，不會聽到「妳也成為女人了，要注意自己的言行舉止」的世界。不用像在做壞事一樣，偷偷遞衛生棉的世界。不用因為胸罩勒緊著肋骨，40 年來疼痛不已的世界。

計程車司機不會突然轉了方向盤，說要載妳去兜風的世界。不會有人在公車上對妳毛手毛腳的世界。老男人不會在地鐵上找年輕女性麻煩的世界。上廁所時不須擔心是否裝了針孔攝影機，而四處張望的世界。即使遭到性侵，身為被害

者也不會受到責難的世界。不會因為身為女人，而輕易變成犯罪目標的世界。

沒有人會說「女人超過二十五歲以後就沒價值」這種話的世界。在拒絕了男人的追求後，對方不會死纏爛打的世界。能夠拒絕初戀男友強迫要求發生性關係的世界。即使分手了也不必擔心被潑鹽酸的世界。

不再被適婚年齡追趕，不結婚也沒關係的世界。和伴侶一起生活的房屋所有權，能夠理所當然地登記為兩人共同所有的世界。在重要節日裡，女人不需要起個大早到市場採買食物，男人們不會坐在大桌悠哉吃飯、女人們不用像是被排擠般自己聚在小桌吃飯的世界。不對，應該要說，可以拒絕這些事的世界。

不因為懷孕而必須辭職的世界。不會因為要工作而把孩子給別人帶，就要聽到「妳好狠心」這種話的世界。和小孩一起出門而不用挨罵「媽蟲」的世界。職業婦女即使不願獨自承擔家事，也不會被批評的世界。認為共同分擔家務事是天經地義的世界。

女人和男人同工同酬的世界。女人和男人求職錄取率相同的世界。女人和男人被視為同等存在的世界。女人和男人獲得同樣待遇的世界。

女人和男人一樣的世界。

我們只不過是期盼公平而已。
我是以這樣的心情畫出來、寫下來。

2018年8月
閔瑞瑛

註1. 「媽蟲」原指打扮光鮮亮麗的全職媽媽，沒有生產力，彷彿丈夫的吸血蟲，或是指寵溺、不管教孩子，任由孩子帶給他人麻煩的媽媽。因後來演變成貶低「帶孩子的媽媽」用語，造成不少韓國全職母親遭無端謾罵、歧視。

Part 1

男人、女人命運大不同

1

會錯意是你的自由，
不是我的責任

我覺得妳應該很適合長頭髮。

我喜歡長頭髮的女生耶～妳沒想過要把頭髮留長嗎？應該會很漂亮。

妳的頭髮如果再長一點⋯我可能會想跟妳交往⋯

這次想要什麼造型呢？

請幫我剃個Undercut。
給我剃個乾乾淨淨
我才能堵住那傢伙的狗嘴

那個，我從剛剛就一直注意妳，真的完全是我的理想型。我平常不是這樣的人，不過⋯

嗯？

啊哈哈，我不是什麼奇怪的人啦，我真的是很不錯的人喔。

所以呢？

所⋯所以啊⋯妳真的很漂亮，請給我妳的電話號碼。

啊～！

為什麼我長得漂亮就要給你我的電話號碼呢？

狂女的逆襲

請用這張卡結帳。

秀真妳意外地很有sense喔！妳及格了哈哈

什麼？我不打算再跟你見面啊？

那妳為什麼付了錢呢？不是因為對我有意思嗎？

因為我怕讓你出錢的話，你會再找藉口見面啊。麻煩你一定要斷了這個念頭，慢走不送喔。

我怎麼想都覺得，我們組的英愛應該是喜歡我吧。

深夜的時候打給我，傳訊息還會加表情符號，眼神交會的時候微微對著我笑，連我喝什麼咖啡都記得，這不是讓我很為難嗎？

哩哩…

因為加班的時候就只有您已經下班了，所以才打電話。週末的時候還問我在做什麼，不知道該怎麼回答，所以用貼圖回覆。

代理您難道上呈文件給組長的時候，臉會皺成一團嗎？
還有，您是因為愛慕代表，才每次都買「雙份濃縮咖啡」給他的嗎？

連交往都沒交往過
的男人

@rodeokim_87
我並沒有和你去
哪邊吃過飯啊

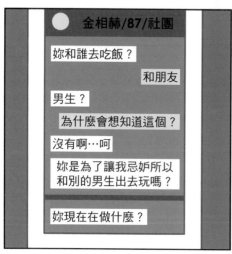

金相赫/87/社團

妳和誰去吃飯？

和朋友

男生？

為什麼會想知道這個？

沒有啊⋯呵

妳是為了讓我忌妒所以
和別的男生出去玩嗎？

妳現在在做什麼？

還標記領域真是有夠煩。

我在跟別的男人炒飯。

X婊子。

不成功，便成恐怖情人

有一次在Youtube上看到一段標題為「男人和女人為何不能當朋友？」的影片。影片中有人拿著麥克風對其他人訪問了大概5分多鐘，女性大部分回答「可以當朋友」，男性則大部分回答「無法成為朋友」。

接著，針對「那麼妳認為現在和妳當朋友的男性友人，可能是把妳看作異性來喜歡嗎？」的提問，女性們笑著回說「好像是這樣」。而某位男性的回答似乎印證了上述女性的回應，表示「老實說想和她（站在身旁的朋友）交往」。

男性和女性交朋友的理由，只是因為她們是潛在的交往對象嗎？雖然不想相信，但是經常看到一些男性對「潛在女友」的幻想破滅時，竟然變得有攻擊性或是格外冷漠。因為男性浮濫的好感，女性就成了狐狸精、漁場管理[2]女，甚至成了騙子。在電影《建築學概論》中，正當男主角與女主角

註2.「漁場管理」用於比喻男性或女性與多位異性同時保持曖昧關係，無固定交往對象，將這些曖昧對象當作是養在自己魚池裡的魚，適時地管理。

關係進展順利時，他即使看見學長將不省人事的女主角硬是帶回家猥褻的樣子，也沒有衝進去揍學長，反而讓她成了別人口中的「婊子」（雖然不知情的狀況下的確會很生氣），便是呈現出這種心理。

　　即使是非親非故的人也有一樣狀況。例如不知道有什麼毛病，一直無禮地瞧著女乘客，因此女乘客也回瞪他，就以為對方是對自己有意思而開口要電話的「地鐵男」。聽到店員說「您又來啦」，就要求對方去約會的「咖啡店常客男」。只一起吃過一次飯就說「我已經想像過和妳結婚的樣子」的「讀書會男」。只不過是開玩笑的時候附和了幾句，就到處散播人家喜歡自己的傳聞的「同事男」。說話時笑了一下、傳了幾則訊息，甚至只是待在同一個場合而已，就誤以為女生喜歡自己的男人，說真的，很恐怖。

仔細想想，說不定這些男人根本不是真心想和女人交往，而是沉醉於對女性展現紳士風度的自己，或是能和她們交往的幻想中，而樂此不疲吧。這樣看來，雖然男性將浪漫喜劇電影、愛情劇、純愛漫畫貶低成是女生才會看的東西，但會不會他們才是最渴望那些幻想的人呢？如果他們不去招惹別人也就算了，問題在於他們經常將這些夢幻的妄想加諸在現實中的女人身上，才導致受害者產生。

　　在打工職場、公司、學校、讀書會等等的那些男人啊，拜託別再想著要搞曖昧，請做你的事、讀你的書就好。

　　什麼事都不會發生的，至少我和你之間不會。

2

一個世界
兩樣人生

請問要到哪邊呢？

到論峴洞～

先生，已經到了～

鼻勾鼻勾～

要到哪邊下？

到論峴洞～

欸，小姐，到那邊的話我很難回來耶…

好啦，看在妳漂亮的份上我就載妳去啦～

這時間有什麼事要到論峴洞？還是要跟叔叔一起去兜風啊？哈哈

◀ 92年家族聊天室

我剛剛從弘大搭上計程車了

車牌是首爾3XB3XX6

計程車司機叫金勇哲

如果20分鐘後聯絡不上我的話就報警

知道了，妳小心回家

嗯嗯，再打電話

昨天真的什麼事都沒發生嗎？

就說了沒怎樣啊。
連站都站不好了，
是要跟她做什麼啊？

你這傢伙完全是個傻蛋～
都放到你嘴邊了還吃不下？

比起變成強暴犯，
當個傻蛋比較好吧？

喀啦

喀啦 喀啦
我是女生，請放心。

喀啦
啊，謝謝。

深夜驚魂記

　　不久前某個深夜，我好想好想吃漢堡。那時大概是凌晨1點左右。

　　先確認了手機有沒有電，再把平常關掉的定位功能打開。要是發生什麼事，至少還能找到我的位置吧。傳了簡訊給幾個還沒睡覺的朋友：「要是10分鐘後聯絡不上我請報警。」也帶上了錢包。如果是大白天的話還會準備耳機，但這次沒帶著，因為要聽清楚周遭的聲音。就像隻正在防備天敵的動物。

　　為了抵擋凌晨冷冽的空氣，拿出厚厚的大外套穿上，怕吵醒還在睡的家人，躡手躡腳地出了門。呼，突然一股冷風拂過後頸。不過更令人背脊發涼的事在後頭。

　　一路上我不斷地東張西望，環顧四周，擔心有人坐在陰暗處的椅子上，或是拐了個彎後突然有人跳出來。但，連個人

影也沒見到。接著看到一兩個路人和外送食物的貨車，就盡可能地遠離他們。每當有車子從旁邊經過，身體總會繃緊神經，害怕車門會突然打開，有人跑出來捂住我的嘴巴、將我拖進車廂。頭髮則是以帽兜藏好，刻意邁著外八字的步伐。沒錯，就像男人走路的樣子。還一邊擔心聚集在地鐵站附近的流浪漢會注意到我。

好不容易到達了麥X勞，卻絕望地發現因為內部施工的關係，大門深鎖。結果最後的目的地成了便利商店。幸好還有便利商店。平常人來人往的街道現在竟然這麼安靜，冷清得令人毛骨悚然。

聽說「練歌房」的招牌上如果寫的不是「房」而是「吧」（Bar），或者在「房」字中加入「♡」圖樣，代表這裡是特種營業場所，而我家附近有不少這種地方。為了不讓人以

為我是從這些店匆忙逃出來的，還故意慢慢地走。盡可能，以最慢的腳步。

　　走著走著，經過某棟建築物的時候，不知道哪來的車減速經過身邊，我好像和駕駛對看了一眼，嚇了一跳。通常我是盡可能不橫越馬路的，那天卻不顧一切快速跨越四線道的馬路。跑進對面的便利商店後，看著那輛車駛進停車場。到了便利商店，雙腳好像都癱軟了。

　　提著裝了泡麵和優酪乳的袋子，腦中只想著回家的最短路徑。走人行道嗎？啊，不對，另外一邊已經快要綠燈了。可是那段路又太暗。從便利商店出來的時候，拿掉了帽兜，因為戴著的話無法看清楚四周環境。冷風吹著我的頭髮，寒意都滲入了髮根。看看周圍，一個人都沒有，就開始奔跑。一邊跑一邊張望，還是沒看到半個人。但仍然擔心有人突然從哪裡跳出來，心臟好像也快跳出來了。

家附近特別地陰暗，因為路燈故障了。一走進黑漆漆的巷子裡，馬上打開手機的照明。按了大門口的密碼鎖，再用手機的燈光照了照四周。就怕有人趁著這瞬間尾隨我進屋。

接著搭上電梯。我家在10樓。按了3樓、6樓、8樓，還有10樓、13樓、14樓。3樓到了，電梯門開了，自動感應燈亮了。6樓到了，門開了，燈亮了。8樓到了，門開了，燈亮了。10樓到了，門開了，我走出電梯，燈亮了。到了13樓、14樓依然如此反覆著。我非得這麼做，因為萬一有人尾隨進來，他就無法得知我住在哪一層。

又怕有人會看到密碼，快快解鎖進家門。脫下大衣，背部是溫熱的，卻又同時在發冷。從頸部到腰部都滲著冷汗。

我不過是去買了一碗泡麵而已。

或許有人會問，如此害怕為何還要在凌晨出門。但是，我說但是——我想要活在一個，即使大半夜為了吃漢堡出門，也不需要擔心害怕的世界。一個在夜裡行動，也不需要時時確認是否有人尾隨在後的世界。一個不需要擔心搭上計程車後，司機會中途改變目的地的世界。正如同男人生活的那個世界一樣。

比起妖魔鬼怪，此時此刻我更害怕的是，剛才和我擦身而過的男人。

3

你的愛情片
我的驚悚片

哇〜看起來好好吃〜！

哇〜真的好美♥

妳不上傳嗎？

嗯⋯等去下一個地點的時候再上傳。

2天後

有件事我很好奇，上次去咖啡店的時候，為什麼妳説要等一下再上傳照片啊？

有沒有女生在白天單獨來看電影的八卦？
-Gossiping

作者 minttoothpaste

急

白天沒有人一起組隊打怪 想説來看部電影
這場只賣出一個角落座位 我幾乎是包場了

想説角落座位會不會來個男的
跟他坐一起看起來像gay吧
走到中間的位子發現 馬的 角落坐著一個女生

雖然也不是很漂亮 但還滿可愛的;;？普妹 但是我的菜

話説 女生在大白天的化了妝來看電影是怎樣？
説真的 白天來看電影 幹嘛化妝出門？
我要看完電影後再跟她搭訕嗎？還是現在去比較好？

她現在也在用手機 應該也在跟朋友討論我？

→seasawmenjangsnok 坐在她旁邊剛好可以假裝是男女朋友

李奎莉 覺得不耐煩
剛剛 ·

現在自己來看電影，但前面的男生一直看我

就是討厭坐在這種人旁邊，才故意訂了角落的座位…
好煩TT 臉也長得像個變態一樣，不斷轉過來偷瞄我
我要不要現在就出去？可是才在播廣告而已耶…

我自己出錢看電影，為什麼還要煩惱這個啊…
#嘆

👍😠 金賢珠和其他12人

金賢珠
聽説還有那種訂票的時候，問隔壁位子坐的是不是
女生的神經病;;;

狂女的逆襲

這些杯子蛋糕中其中一個有毒。

只有其中一個有毒，因此不需擔心，
盡情享用吧！不要客氣。

我身邊從來沒有人
吃到過有毒的蛋糕。
如果吃到的話，
是不是你自己運氣特別差才會吃到呢？

竟然有這種人，已經說裡面只有一個毒蛋
糕，但你連剩下的杯子蛋糕都不吃了，
這難道不是以偏概全的嚴重謬誤嗎？

你這是對其他正常杯子蛋糕的汙辱。

請對杯子蛋糕道歉！

「因為喜歡你才這樣啊」

　　我非常喜歡旅行。每一季都會隨性地來一趟國內單獨旅行，在社群上寫下遊記，是我人生的最大樂趣之一。

　　前年的旅行目的地就是釜山。這次還有親姊姊同行，我們住在海雲台附近的旅館。一進入旅店，就能看見一大片窗戶外頭海雲台的蔚藍海岸。當下因為很興奮，馬上拍下眼前的海景，上傳到我的社群帳號。就在正準備要出去的時候，之前認識的某位男性友人傳了訊息給我，問我現在是不是在釜山。因為之前已經在社群上說了要去釜山，所以對於他的問題我也不以為意，便回答「是啊」。接著他又問旅館是不是在海雲台某某洞的附近。

　　其實聊到這邊都還好，原本就知道這個人是釜山出身。釜山也是個大城市，看到風景中出現的建築就能猜到所在位置，我想可能是對這區很熟的人吧。不過真正令人毛骨悚然的是下一句話。

「雖然猜不到旅館是在哪棟建築裡，但大概知道在哪邊。」

等等
你
憑什麼
要猜？

　　光是說到這就已經相當詭異了，但他似乎對於推理整個來勁，並未就此罷休。接著甚至在NAXXX地圖上標出座標、截圖傳給我。

　　「從地圖街景的角度看的話，應該是這邊吧。再搜尋附近飯店，只會是這間和這間。從妳的照片看來是在很高的樓層吧，不過不知道是哪間房間。」

　　幸好（？）我並不是下榻在他說的旅館內，都起雞皮疙瘩了。於是以最快速度刪除了照片，結束這段對話。

　　正是從那刻起，我再也不會拍完照片後立即上傳到社群了。

我知道。我知道他當時人在首爾，確認我的所在位置也並非要加害於我。但是，究竟為何要告訴我？雖然他什麼話也不說，就直接來找我會更可怕，但是難道他認為這麼做能給我好印象嗎？假如這是個玩笑的話，是非常令人不悅的玩笑，無論如何也無法對這樣的行為產生好感。真的是一點都不開心，一點也不感到浪漫。

　　這時候可能會有人反問我，一開始不要用社群不就沒事嗎？就是啊，為什麼要上傳照片，又因此而擔心呢？但是，我為什麼要被檢討？有問題的難道不是那些主動找上門、招惹別人的一方嗎？

　　啊，等等，不覺得這情況相當熟悉嗎？「妳應該要更懂得怎麼待人處事啊」、「妳當初穿著就應該謹慎一點」、「妳就不應該和男人同處一室」。那些遭到性侵害的女性，聽到的正是這些話。

最後，真正的受害者因為無論怎麼做，都會成為被責難的對象，因此面對突然接近自己的男性、有意圖接近自己的男性，不管其動機是基於好感或是惡意，女人只能一律對他們感到不安、厭煩、噁心，覺得他們是有害的。

　　有人將藉由這種方式接近女性，行動又難以捉摸的男性比喻為天災——地震沒有明顯的前兆，颱風會意外地轉向。我們連明天的天氣都還無法確切掌握，這些如天災般的男人就在我們周遭出沒。偶爾有人幸運地從他們手中逃脫，可能是因為在天災降臨前，偶然看見了逃難的老鼠吧。「瘋子到處都是，自己要懂得避開。」大家說得真簡單。於是那些男人即使犯了罪，也只是將自己的行為想成是一種天災罷了。「因為這是無法控制的本能」、「男人原本就是如此」。但

是這和天災不同，他們的犯罪行為，分明屬於能夠控制的領域。調查應該擴大、逮捕應該迅速、懲罰應該加重。咦？這樣說起來好像更接近滅蟑大隊吧？（也對，怎麼能和大自然相提並論，實在太抬舉他們了。我向大自然道歉！）

如同令人不快的、覺得噁心、有害的，不知道何時何地會突然飛出來的蟑螂一樣，對我們而言，你們的執拗就是如此，不多也不少。

防範措施就只有嚴格執法一途。政府啊，國會啊，警察啊，檢察官啊，國家啊，既然已經收到了名為「稅金」的訂金，希望能在這方面多加把勁。

4

理想對象
寧缺勿濫

老實說，
那些大叔要我們叫他們「歐巴」的時候，不會不爽嗎？

不管怎麼看都是大叔輩的人，開口閉口卻是「歐巴我啊～」、「歐巴跟你說～」

不過如果叫聲歐巴，他們就覺得快樂的話，也是不錯啊。

話不是這樣講啊，他們的快樂為什麼要由我負責呢？

妳跟我見面的時候
為什麼不穿高跟鞋呢？

平底鞋

妳該不會是要配合我吧？
其實不用這樣啊，我也有180呢～

你想太多了吧。
又貴又高的高跟鞋，是和不需要搭大眾
交通工具的對象見面時才穿的。

Then see you later at my place, sweetie.
等一下在我家見吧～

See you.
等等見～

是怕別人不知道妳是韓國女人嗎～
遇到洋男就鬼迷心竅了嗎？

耶，妳以為他是喜歡妳才這樣的嗎？
他只是想跟妳上床而已。

我是因為關心妳
才這樣說的

嗯，但我也是啊。

少管閒事，
怕別人不知道
你是韓國男人嗎？

我們想要不錯的男人

　　我開始畫漫畫和寫作的原因有好幾個，其中之一是因為非常討厭有男人「竟敢」看不起我。

　　老實說我自認為很優秀，依我的標準來看，該有的我都有了。我有明確的目標，並且都能因應當下狀況完成大部分的任務。或許並非所有事情都能獨自完成，但是我也不想刻意謙虛。總之，我對自己很有自信。

　　可是我遇見的男人總是……「就那樣」而已。都是一些無論長相、能力、個性，各方面都不太突出的男人。沒有目標、沒有想法的男人，甚至是有婦之夫。我很好奇，到底這些人是哪來的自信敢搭訕我呢？

　　以前曾經一直以為是我不夠可靠、太沒出息，才總是吸引那些男人。但是現在我知道了──不是這樣的。這和我是誰並沒有關係，而是大部分的男人原本就是如此，明明條件不

怎麼樣卻有這種能耐，是因為社會容忍他們的卑劣。多虧了這樣的社會，這些泛泛之輩不僅連一絲的羞恥也沒有，還自信地認為女人一定會接受自己。我也是最近才頓悟到應該一開始就別和他們來往比較好。

某些人看了這篇文章可能會認為我的眼光很高。或者會説這個人嚴重自戀到討人厭的境界了，不過就是談個戀愛還對條件斤斤計較，真庸俗。嗯，沒錯，對，我就是這麼庸俗。與其勉強和無法到達理想標準的男人交往，我寧願痛快地説出心聲，無論是否被罵庸俗，就是想和符合我條件的男人交往。

我們反過來想想。假如我是男人，我想和符合心目中標準的女人交往，究竟會不會被當作庸俗的人呢？大部分的人都不會反感，並表示同意吧。

這就是性別歧視。

真的非常非常痛恨這點。只因為是女人，我的能力、經歷、努力和我的長相，就「理應」被輕視，最痛恨的是，每次想到這我就變得討厭自己。

所以我討厭他們。討厭不好看的男人，討厭不打扮的男人，討厭不自我管理的男人。討厭只知道廉價國產啤酒和燒酒的男人。討厭連人生最棒的冒險或體驗都無法自己主導的男人。討厭不讀書、不看電影，無法領會作品深意的男人。討厭吝於花錢去體驗的男人。討厭不清楚自己喜好的男人。討厭不尊重別人喜好的男人。討厭根本不知道女性主義是什麼，對少數族群的歧視毫無概念的男人。討厭即使帶給別人麻煩也不道歉的男人。討厭對於1年後、5年後可能做什麼的問題，都回答不出來的男人。討厭馬馬虎虎過日子的男人。討厭沒前途的男人。討厭。討厭。

為什麼男人總是盼望著最棒的女人，卻要求女人適當地妥協呢？為什麼電視節目裡，那些掌握最高權力的女人，都會和心智不成熟，好像還無法為自己負責的男人牽扯不清？為什麼強迫20歲出頭的女性稱呼都快50歲的男人為「歐巴」、對他們獻殷勤，在這個社會被視為理所當然的事？這大概是、這應該就是那些連自己都拯救不了的男人，在女人面前設計好的情境。

　　我想要不錯的男人，不只，我是想要好的男人。我想要長得帥的男人。我想要最優秀的男人。你說會寫出這種文章的女人肯定不怎麼樣？不，與你相較之下，我還綽綽有餘，所以也不會是個容易應付的女人。

我的要求很高。老實說我希望其他女人也能如此，希望她們別對自己所追求的事情輕易妥協。我們已經是很好的女人，很不錯的女人，了不起的女人。我們不是那種「差不多就好了」的女人，因此別降低自己的標準、勉強自己。應該要有良心，提升自己水準的是那些男人，而非我們。我不會因此而滿足。

　　我的理想對象，寧缺勿濫。

5

再常見不過的
男人們的錯覺

Hello，妳好「飄亮」，
要不要跟歐巴「粗去玩」？
I can teach you English~
I mean, of course, PRIVATEly.
我教妳英文，「一對一」喔～

I don't think I need your
" PRIVATE" lesson.
喔，但是我不需要「一對一」
的家教耶。

Oh, um... so you actually
speak English.
噢…原來妳會講英文啊。

Yeah? Can I help you?
嗯，還有什麼話要說嗎？

Oh, no, no.
喔，沒有。

Hello，
妳好「飄亮」，
妳要跟歐巴…

Arigato~

Haha, that's Japanese!
I'm Korean :)

哈哈，那是日文啦。
我是韓國人。

I thought China/Korea/Japan supposed to be *same* countries. They are all in Asia, so what's the difference?

中國、韓國、日本，不是都一樣嗎？
同樣是亞洲幹嘛分那麼細～

Ihr seid auch nicht anders.

What are you talking about?

欸？這是什麼意思？

Is that French or German?

這是法文還是德文？

那句話是說：
在我眼裡你們也是差不多啦，王X蛋。

…結果，她馬上說要跟我分手。
都說了我跟那個女生只是認識而已！
而且，就算我真的同時跟她交往又怎樣？
人家不是說花心就是男人的本能嘛！

聽說這是為了播更多種，
在基因裡早就預設好的天性！

喔…這樣啊。
但是女人的本能是找到強大的男人，
將優秀的基因傳承下去喔。

大概她不需要像你這種
不起眼的基因吧？

分手分得
太～好了

連續劇 《鬼怪》 主角

相差12歲

連續劇 《我的大叔》 主角

相差18歲

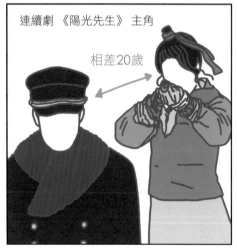

連續劇 《陽光先生》 主角

相差20歲

最近年紀差距很大的情侶
才是潮啊～

那我們也…

嘿——
這裡是現實世界喔。

沒有那樣成熟的男人
沒有那樣的大叔

雖然只是不久前的事情，當時20歲出頭的我，喜歡年紀比我大的男人。差距小的大概3、4歲，差距大的甚至將近20歲。為什麼當時會喜歡年紀較大的男人呢？因為這樣比較沒有經濟壓力？還是心理上覺得比較安定？或是他們更成熟老練？但是，真的是如此嗎？

回想一下，其實這些男人無論年齡大小，都曾有人要求分攤共同花費，而且還有男人期待年紀比較小的我來付錢，這其中多少會有不成熟和傻傻的男人。那麼我又為什麼會和這種男人交往呢？

當時我為了成為大人而採取的方式，與現在的我所選擇的方式有點不同，差異在於承認欲望的方式，而那個欲望的主體卻不是我。我從20歲開始寫了關於性的文章，也表達了對於性的想法，但當時所說的話並非以我個人為主體。那是個

一般人認為女孩聊性這件事是很「強勢」的時期。（雖然不能說現在已經不是了！）

　　那時候接近我的男人，都說了類似的話：「妳表面上裝堅強，其實內心比誰都脆弱吧？」說得好像只有他了解真正的我，同時手卻悄悄地往上撫摸我的大腿。可笑的是當時這種老套的手段還行得通。那時的我極其孤獨，渴望得到認可。那時候，我需要別人的認可：「沒錯，妳已經是大人了。」、「竟然可以這樣隨意地聊性事，妳真是成熟的孩子。」仔細想想，其實說這些話，就代表對方並未將我看作是地位相等的對象。過去完全沒有人告訴我，即使假裝自己成熟世故、對性的態度很開放，但脫下一層皮後，我依然是那個尚未成熟的孩子。我住得離家人很遠，很早就在無親無故、一個朋友也沒有的地方工作了，而我周圍僅有的是那些「年長男」。

欲望無處可去，漫無目的地四處遊蕩。而正好看出了這點，並加以利用來滿足自身渴求的男人卻到處都是。他們的年紀大部分都比我大。應該說，比我大很多。那時，我以為他們所認可的模樣才是大人。我以為自由地談論性事，是自我解放的窗口。但是，缺少了「我」這個主體的欲望，對於那些飢渴情欲的男人來說，不過是好吃的飼料罷了。他們相當貪吃，而為了變成符合他們要求的「大人」形象，我漸漸身心俱疲。

　　我也曾經一度同情這些「年長男」，覺得急於滿足性欲的他們看起來有點可憐，含情脈脈地看著他們。也曾想過要滿足他們的欲望，其實我才是掌控者，所以覺得他們挺可愛的。但冷靜回想，我不應該要產生這些情緒吧？他們如果真心喜歡我，要做的應該不是脫我的衣服而是保護我吧？因為「年長男」我受了傷，傷痕累累地飄盪，再遇到另一個假裝

替我療傷的「年長男」，又受了傷。我所認識的「年長男」都是如此。

多年以後，我好不容易從這道枷鎖掙脫，宣示以後要完全忠實於「我」的欲望，不會再為「年長男」保留任何位置。他們聽了之後抓狂，群起攻擊我，之前的溫柔親切消失得無影無蹤，緊勒著我的脖子，企圖堵住我的嘴。他們之前真正想要的是什麼，我這才看得一清二楚。

他們只想要容易到手的對象。能夠輕易擺弄、隨便觸碰的對象。而我不再那麼好欺負，於是他們發自真心地憤怒。不對，應該説更接近憎恨。他們現在想堵住我的嘴，應該也是出於類似的原因。他們擔心其他女人聽了我的話，會像我一樣不再如此輕易上鉤！

事到如今，我也不後悔。因為有了過去的經驗和故事，才造就了今日的我。但假如是現在的我就不同了。不只是因為女性主義的緣故，而是為什麼是我？和你？我何必？

　　「雖然我喜歡做色色的事，卻不想跟你做。」

　　我甚至如此回應。走到這步我花了多少時間啊，你能拿我怎樣？

　　終於，在接觸了女性主義後，我們的人生成了一段不停反省著過往，在夜深人靜時生著悶氣，接著頓悟：「不對，那些傢伙才是王X蛋」後，然後睡著的過程。因此，至少在今晚，希望各位能夠盡情怪罪那些王八蛋們，然後進入夢鄉。大家Good Night。

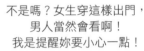

哎唷…不是這樣啦！
因為男人都是變態！是狼啊！

不是嗎？女生穿這樣出門，
男人當然會看啊！
我是提醒妳要小心一點！

那些傢伙這樣對妳，
妳都沒想過我心裡會不好受嗎？

你現在是對那些盯著我大腿看的傢伙
一句話都不敢吭，所以對自己失望，
才把氣出在比較好欺負的我身上囉？

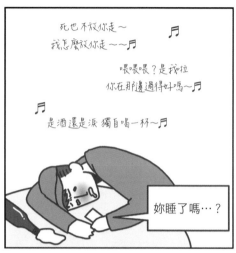

新台幣：韓圜＝1：34

罪與罰

前陣子我和男友分手了。

他是個相當穩重的人，也是幫助並支持我的工作的人。他完全能理解我身為女性所感受到的無數恐懼，以及曾經歷過的歧視，他也努力不成為那樣的人。

即便如此，分手之後我做的第一件事，就是馬上刪除我登錄在兩人共用的網購帳號上的地址。這是為了消除我內心的不安所做的小小掙扎。我們之間仍有幾位共同朋友，也有幾個我們互為好友的社群帳號，他車上的導航還有我家的住址。我知道他不是「那種人」，但是為了以防「萬一」，也只能做出這樣的掙扎了。

在此之前的另一個男友，撿起地上的雨傘丟向我，所以分手了。又有另一個男友，我們分手沒幾天後，他竟在大半夜

找上門來。這種事經常發生。交往的時候他們都很好，是再正常不過的人了。

於是我逐漸「好好地」和他們分手，慢慢地不再見面，為的就是盡量降低我們相遇、交往，然後一宣告分手就挨揍或被潑鹽酸的機率。我現在連擔心這些事都覺得累了。人乾脆像肉豬身上要蓋紫色印章一樣，蓋上讓人一眼就能辨識出「我是危險人物」的印章。

這個社會依然對男人的犯罪，尤其是這類的「癡情犯罪」相當寬容。通常有人毆打他人的話，會馬上進警察局並被起訴。若是男人打女人的話，只會被看作是情侶之間的爭執，獲得緩起訴。爭吵時以雨傘丟擲女友導致死亡的男人，即使在受害者家屬要求嚴懲的懇求下，去年僅獲判4年刑期。根據警察廳的統計數據，每年因殺害交往對象嫌疑而遭移送的人數接近50名，也就是每週都有一位犧牲者。如果包含殺人未

遂、暴力等犯罪的話，這數字更是可觀。不知道我什麼時候
會成為受害者名單上的一員。

為了一開始就避免種下禍根，為了躲避那種人，我漸漸地
不再和男人交往。僅因為連最基本的禮儀都無法遵守的「一
部分」男人，和容忍、默許這種現象的社會，我正在失去與
男人談戀愛的機會。

但是到現在依然故我的人就是你們。說起來這是反效果、
自作自受。因為你們將女人分解成一個個的部位品頭論足、
進行騷擾，還任意評斷女人的行為舉止。而且學不會把女人
當作人來尊重，甚至還犯下罪行，並且積極地容許這種事發
生。

這就是你們不將女人當人對待的後果。

下一站是○○站的○○○公寓。

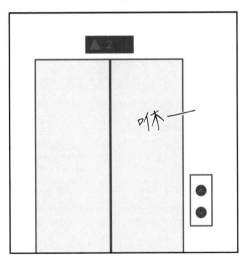

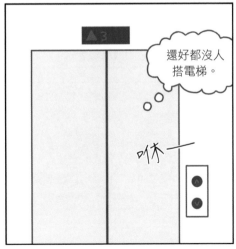

化妝室針孔攝影機真的太惱人了。
從天花板、牆壁、門把，
甚至馬桶裡面都裝了針孔攝影機，
讓人連去上個廁所都很害怕。

所以我現在去化妝室的話，
會連隔板上鑽的小孔全都遮起來，
就怕有人偷拍。

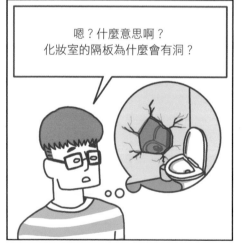

嗯？什麼意思啊？
化妝室的隔板為什麼會有洞？

???????????

不過那裡應該放不進攝影機吧？

但是市面上都有眼鏡型針孔、領帶型針孔、螺絲釘針孔了，難道會沒有能放進小洞的針孔攝影機嗎？

可是基本上電子產品會消耗很多電力，接電線也是個問題，這樣說不過去啊～

那難道偷看別人拉屎、尿尿就說得過去嗎？

我們一點也不丟臉

　　我在過馬路時一定會做的一件事，就是與駕駛對視。雖然不是每一次，不過遇到在斑馬線前急煞或是突然闖出來的車輛時我會這樣做。看看那些駕駛，有十之八九都是在等待變綠燈，並以不滿的表情看向正在穿越馬路的行人，好像行人犯了什麼錯似的。我在過馬路的時候會看著他們，以我的雙眼對視。

　　當時我的眼神是這樣說的：給我永遠記住我的這雙眼。

　　這是在告訴他：「如果你不煞車然後撞倒我，就永遠記住我的眼神吧！」這樣不痛不癢的詛咒。大部分的駕駛會因此嚇一跳，毫不掩飾地露出厭惡的表情。那麼我的策略就成功了。

　　而最近又多了一個逼得我必須這麼做的地方，那就是公共廁所。只要進到廁所，即使再急也會先環顧四周。看看牆上

有沒有小洞、天花板有沒有鑽孔、馬桶裡有沒有偽裝的攝影機。要是發現了看起來很可疑的東西，就會直盯著它看，一邊嘴角上揚訕笑，並秀出我的中指，像是在對它打招呼。如果是尖尖的突起物，有時候會把它塞進去，不過通常是拿張衛生紙蓋住。或許有人看了會認為我在小題大作吧。

　　男人說，是女人「過度」緊張了，廁所牆上的孔裡容不下攝影機，那些不過是都市奇談罷了。是這樣嗎？如果只是奇談，怎麼會有檔名為「○○站女廁偷拍」的影片公然在網路上傳播？影片下方又怎會有那麼多興奮的留言？又為什麼幾乎每天都有男性因為違法安裝攝影機而遭到逮捕的新聞報導？還有，為什麼在那些新聞底下的留言，會有人tag其他女性的名字並警告「要小心」？到底是要人小心什麼？打從一開始，看那些影片的人才是有問題的不是嗎？

　　有人會問這些人是否透過偷拍來滿足戀糞癖[2]，但並非如

此。他們是藉由觀看女性最私密的瞬間，也就是女性排泄的畫面或女性的生殖器，來滿足自身扭曲的控制欲。再怎麼優秀的女人，也會在這種地方露出她的下體讓人偷拍，而這個事實令他們感到優越。女性的羞恥，就是他們的興奮劑。哇，他們究竟是過著多廢的人生，竟然需要透過這種方式讓自己興奮？（噢，當然，我對你們的人生一點也不好奇就是了。）

但是你知道嗎？我們一點都不丟臉。
因為我們是人類所以長了生殖器，我們會尿尿也會拉屎。所以這一～點都不丟臉。

丟臉的是你們這些人。看這種東西來獲得不正常快感和自慰的作奸犯科王X蛋，你們從來都沒有控制過我們，一輩子都不可能控制我們。

註2. 對排泄物感受到性欲的一種性愛。

8

因為我是女人
幸好你是男人

朝鮮逃出 NO.1 韓國女人該如何生存？！

韓國女人死亡的原因是？

1. 遭誘拐身亡
2. 被戀童癖殺害身亡
3. 因校園（性）暴力身亡

朝鮮逃出 NO.1 韓國女人該如何生存？！

韓國女人死亡的原因是？

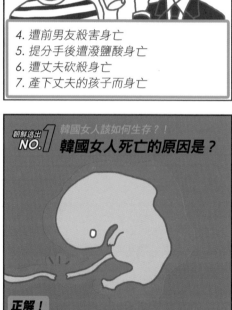

4. 遭前男友殺害身亡
5. 提分手後遭潑鹽酸身亡
6. 遭丈夫砍殺身亡
7. 產下丈夫的孩子而身亡

朝鮮逃出 NO.1 韓國女人該如何生存？！

韓國女人死亡的原因是？

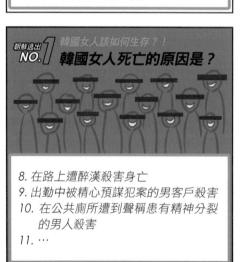

8. 在路上遭醉漢殺害身亡
9. 出勤中被精心預謀犯案的男客戶殺害
10. 在公共廁所遭到聲稱患有精神分裂的男人殺害
11. …

朝鮮逃出 NO.1 韓國女人該如何生存？！

韓國女人死亡的原因是？

正解！

因為不是男嬰，遭人工流產身亡。

我侵犯了我的女兒！

我強暴女人！

我是性侵犯！
請逮捕我！

緊急報案
112

哎喲，先生，怎麼會因為
這種小事進來呢？趕快回家吧。

〈成為好太太的方法〉

出門賺錢

顧慮丈夫的心情

管理好家務事

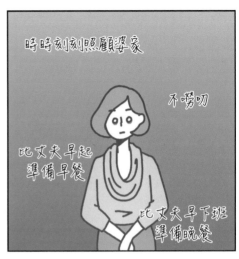

時時刻刻照顧婆家

不嘮叨

比丈夫早起準備早餐

比丈夫早下班準備晚餐

面對丈夫的性需求欣然答應

即使丈夫劈腿也能理解

總是維持乾淨簡練的形象不能忘記女性特質

〈成為好丈夫的方法〉

賺錢

不劈腿

幫忙家務事

不打太太

哪有什麼男人可以，女人就不可以的？

　　就在寫這篇文章不久之前發生了一件事，參與某大學裸體素描專業必修課的一位男模特兒裸照外流到網路上，進一步了解後我嚇了一跳。是因為太震驚了嗎？不，完全不是。

　　媒體上充斥大量與偷拍相關的事件，讓我驚訝的不是這個事件本身，而是警察極其神速的回應。搜索行動竟然能如此快速，連一週都不到，就掌握了嫌犯的特徵、調查並完成筆錄。到這裡為止，會認為警察非常盡忠職守。但是聽到他們連二度加害者都親手調查，我差點沒跌個四腳朝天。原來這是可以做到的？

　　過去女性遇到類似的偷拍事件，也就是將違法攝錄訴諸公權力的時候，警方都是斬釘截鐵地回答「抓不到」，即使在已掌握特定嫌犯的情況下也說：「無法只憑這個起訴對方」，有人甚至當場就遭到警方拒絕。抓到加害者以後又有

各種藉口，說這只是輕罪，最後僅遭判緩起訴的案例層出不窮。不要說去調查二度加害者了，公權力不過是在一邊旁觀，讓被害者獨自承受精神折磨，一次次試圖抹去自己受害的痕跡，最終受不了只好移民或是自殺。一部分的男人竟還興奮地對受害者的「遺作」議論紛紛，再次進行了色情消費。可是一旦男性成為了受害者，公權力卻能夠保護他們，並迅速完成調查，當然令人感到難以理解。

站在一個經歷過無數次偷拍的受害女性的立場來看，這種以雙重標準對待男性和女性的法律，是多麼令人感到無力啊！這不就是明擺著告訴大家，其實過去並不是無法調查，而是不去調查嗎？

而且為何男人犯罪的時候就說是輕罪，女人犯罪的時候，卻成為需要拉起封鎖線，接受大批媒體相機洗禮的重罪呢？這樣的雙重標準到底是哪來的？聽說男人殺害女人，以一時

衝動引發的過失致死結案的機率更高；相反地，女人殺害男人則被歸類為經過縝密計畫的犯罪，因此遭判處重刑的機率較高，這也是根據相同的邏輯嗎？女人「膽敢」對男人犯下罪行，所以必須加重懲罰嗎？這難道是合理的嗎？

因為大婚在即，因為已經深自反省，因為有大好前途等理由，男人犯罪的時候，全世界都會替他掩蓋。但是同樣擁有大好前途的受害女性呢？我們可以大膽推測，要是警察開始徹查過去那些傷害過女人的男人，恐怕整個業務都要停擺了。因為太多了，實在太多、太多了（根據去年警察廳的數據，光是違法偷拍的加害者中就有98%是男性，因此這不是完全錯誤的推測）。

男人遭到偷拍的影像外流，會成為入口網站搜尋關鍵字的第1名；女人遭到偷拍的影像外流，卻會成為色情網站搜尋關鍵字的第1名。這樣的歪風不立即導正不行。很多人說，以

「女人」起頭的句子是限制某種行為時使用，而以「男人」起頭的句子則是將某件事合理化時使用。比如說，像這樣：

「女人——」
- 女人穿這樣成何體統？
- 女人不能這樣放聲大笑
- 女人插什麼嘴？

「男人——」
- 男人難免會那樣啦
- 男人為了要做大事，就有可能犯錯啊
- 男人原本就是那樣

　　應該要從這裡就開始改變。我們不說女人多少「也會」這樣，男人「膽敢」這樣，而是公平一點，要求彼此「都不要這樣」。

Part 2

因為生而為女

1

性騷擾

[ㄒㄧㄥˋ ㄙㄠ ㄖㄠˇ] [名詞]

無視對方意識，以與性有關的行為或言語令對方感覺受辱。

…然後店長說以後都這樣穿吧，因為他覺得好看。我說這是性騷擾，他心情就變得很不好。拜託，我的心情更差好嗎？

那怎麼是性騷擾啊，他只是說好看啊。妳為什麼這麼鑽牛角尖呢？現在不管做什麼都說是性騷擾～

如果那也算性騷擾的話，我每天應該性騷擾別人12次了。

你自己還知道啊。

啊，X的，我沒看，
我沒看啦！

要露不露的，
自己要穿得讓人看到內褲，
還他X的把別人當奇怪的人。

如果是要讓人看的
我就只穿內褲出門啦，
你這個王X蛋死變態！

說沒有看，
但遮住的部分
都很清楚嘛？

我怕妳覺得丟臉，
所以一直不太想說的，
但是我真的必須要說一句。

妳沒穿內衣都看得出來;;

所以呢？那又怎樣？

啊，喔…並不是說妳不對啦…
但畢竟這裡不是國外，老實說看起來
有點那個。我們互相體諒一下吧。

我穿內衣會不舒服，
你看著沒穿內衣的我的胸部
覺得不舒服，

那如果挖出你的眼球，
彼此是不是都比較舒服呢？

〈看圖來找碴〉

無辜的男人們

　　去年3月時，某法律事務所刊登在地鐵的廣告被拍照上傳到社群網站上，該廣告宣傳事務所能將兒童性侵害、強暴等各種類型的性犯罪導向無罪、不起訴、緩刑等不當的刑罰。雖然這則廣告因為遭到眾多抗議而撤下，但光是在入口網站搜尋「性犯罪」這個關鍵字，就會出現一串和「無辜」有關的詞彙。甚至還有為了這些「無辜的」男人設立的網路社團。以這種性暴力犯罪遭到起訴的男人，他們的反應無論何時都是如此地一致。

　　「我是無辜的。」

　　每當看到這種反應時我總是相當好奇。他們到底哪裡無辜？搭手扶梯上樓時偷拍女性裙底的人是他們自己，在辦公室撫摸女性臀部的人是他們自己，在色情場所裡進行性交易的是他們自己，甚至在爛醉時強暴女性的也是他們自己。無

論那是偶發的、失誤的，亦或是瞬間的判斷錯誤，總之都屬於「犯罪」，你的下半身⋯⋯不，你自己，到底有什麼好冤枉的？啊，難道是「為什麼只有我被抓到」才覺得冤枉嗎？其他人也都這麼做啊？

也是，假如曾經活在過去那個只要一口咬定是女人設計的仙人跳就萬事亨通的年代，男人自然會覺得冤枉。即使是在男性強迫下發生的事，女性對於自己身為受害者也應該要感到羞恥、閉上嘴才是，竟然還敢爆料，那些男人該有多鬱悶呢？過去要是有男人管不住下半身，整個社會都會出來幫他們說話，而現在已經不是那種時代了。

總之，世道的改變讓他們感到十分地冤枉、委屈。

但是！在這刻薄的世界總會有一絲希望。在受到性犯罪指控後（說不定是受害）認為自己很無辜的話，來來來～你的救世主名單在這！我們一個個看喔！

▶我向意識清楚的對方以口頭尋求同意後,對方回答YES!
範例:請問可以拍攝妳的裙底風光嗎?

▶我這輩子都住在沒有網路的房子裡,連大門都不出,不與男人、女人、貓咪或任何人交談,也未曾碰過他們一根汗毛。

▶我家連馬桶都是黃金打造的。

假如這三點有哪一項不符合,恭喜你!你就是性犯罪者!希望你快點去死!

不希望這樣的話,就必須認知到以前你所認為的「沒關係」,其實是「有關係」的,無論是往後的言行舉止,或是過去曾經發生的事,都應該更加謹慎小心。

因為女人──那些真正無辜的人,至今已經受過夠多委屈了。

2

有子宮者，
必承其重？

特價

汗臭／鞋臭／烤肉味／
男生房間臭味

消除
男人
四大味！

男人四大味是什麼鬼。
女人就不流汗、不穿鞋、
不吃烤肉、不進房間嗎？

女人是從出生以來就飄著薰衣草香嗎？
以為女人的汗腺會分泌出
薰衣草芳香劑啊？

他們自己不洗澡、不洗衣就出門，
才會發出像動物的臭味啊。
嘔，真髒。

女人在那一天穿著潔白的衣服

一整天舒舒服服地，
透過肌膚感受最綿柔的觸感

無論量再多
也不用擔心

到底是在公啥X。

這裡總共是7,900元，需要袋子吧？
紙袋是免費的，塑膠袋是100元…

沒關係，不用了～

因為是衛生棉的關係，我幫您
包起來喔～
不用付費買袋子也沒關係～

不用了，真的沒關
係。我不需要袋子。

不過這是衛生棉…

還是我另外給您一個
黑色袋子呢？

我難道是
買了大麻嗎？

哪來的女孩子這麼不知羞恥，還穿著校服來這種地方？

這個世界要完了～完了～
如果是我女兒的話我就打斷她的腿。

那請問您怎麼也不知羞恥地來這種地方呢？

〔新任務〕
去看婦產科

　　首先必須選擇由女醫師看診的婦產科。這是因為固有的羞恥心，或是為了不要變成潛在犯罪者的目標，才做出的選擇！因此，先來找找「只有」女醫師看診的地方吧！

　　接下來，要準備的是厚厚一疊鈔票！如果做包含子宮／卵巢超音波檢查、HPV篩檢、病毒篩檢、子宮頸癌篩檢等檢驗的婦科體檢套餐，20多萬元就掰掰了～☆ 當然，連簡易的檢查也要花上5萬元，請先有心理準備！ ☆

　　對了，這次是祕密任務，所以絕對不能讓他人知道！男友要是知道妳有子宮這種東西，會嚇一大跳的！還有，告訴媽媽的話會被毒打一頓，我們都要小心！

　　好囉，前往婦產科吧！別忘了從醫院1樓的警衛伯伯、到搭上電梯的所有人，甚至是一起進入婦產科者，一路上都要看他們的臉色。

到達婦產科了！護理師會連珠炮地問：「第一次來嗎？為什麼來？最後一次來經是什麼時候？有沒有性經驗？」等各種問題。

　　坐在候診室時盡可能不與其他人眼神交會，經過漫長的等待後，終於見到醫師了！天啊真辛苦！但是距離安心還遠著！最後必須要「像去看婦產科一樣雙腿打開開」（如同某位男歌手寫的Rap歌詞般）！

　　進入像是七龍珠的精神時光屋的房間後，脫掉下半身的所有衣物、換上裙子，一屁股坐上不舒服的診療椅！接著護理師會請你稍微往下坐一點。有些地方會拉上簾子，有些不會。這時，醫師登場！她拿出冰冷又令人不舒服的擴陰器這樣說：「會有一點不舒服喔～」接著持續一段不止有一點不舒服，而是很不舒服的檢查（為何都21世紀了，擴陰器還是一點都沒變？），雖然過程令人不愉快，但這段療程必須在

完成有點微妙又舒暢的消毒程序，以及放進不知何時會溶解流出的塞劑後，才算真正結束。

但是這還沒完呢！檢驗結果需要等候三天才會出來，如果報告的結果不理想，就必須重～頭再做一次檢查。那麼，就祝你順利！

任務報酬：讓人想飆髒話的診療費明細和恨不得摘除子宮的鬱悶感。

3

潛在加害者，
潛在被害者

現在的小孩真的很有問題。

呵呵怎麼了？班上有誰不聽話嗎？

不是，看看他們把校服穿成什麼樣子？裡面的內衣都透出來了，所以叫她們穿件襯衣，結果就把釦子全解開，只穿著T恤走來走去，都不覺得自己丟臉！

還有襪子也是。穿著完全露出腳踝的襪子、半透明絲襪！學生沒有學生的樣子！

你這樣不是單純的死變態嗎？

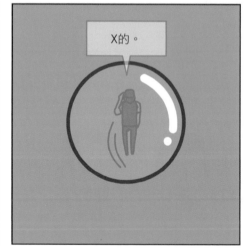

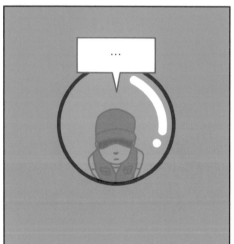

晚上剛好和女生單獨走在巷子裡的時候，對方會一直斜眼瞄我，然後快步前進，說真的讓人心情不是很好。

好像被當成潛在罪犯一樣。又不是所有男人都是癡漢。

但就算這樣你也別生氣。

女生這樣做可能會讓你不高興，

可是不這樣做的話遭殃的會是她的人生。

真的假的 ①
Q. 韓國是安全的國家？

A. 對某些人來說是，
對某些人來說不是。

真的假的 ②
Q. 重大犯罪被害人中80%以上為女性的數據，是來自女性家庭部的統計？

A. 是2013年的警察廳統計。

真的假的 ③
Q. 除了性犯罪之外，殺人／強盜等重大犯罪被害人的男女比例分佈相似？

A. 為什麼要排除性犯罪？

真的假的 ④
Q. 重大犯罪加害人中有80%以上為男性？

A. 86%為男性。

男人殺人，男女皆死

開腿男與瘋婆子

這是不久前發生的真實事件。

我和朋友搭上了地鐵，很幸運地，車上有兩個空位，於是我們一起坐下來。但是隔壁正在通電話的男子，正雙腿大開地坐著。我以相當有禮的態度請他合起雙腿，不過看到他稍微合起沒多久，又立即張開雙腿。他何止是張開腿而已，甚至侵犯到我的位置，將自己的大腿緊貼著我的大腿。啊，真的是！我索性擺出臭臉，直接表達我的不快，在我的座位範圍內，將皮包擋在我和他之間。結果這時男子突然起身，並瞪了我一眼，在我面前碎念咒罵了一番，於是我瞪大眼睛看著他說：

「自己把腿張那麼開，還對我發什麼神經？」

他不知道我會做出如此反應，露出嚇一跳的表情，默默地退到門口。想說他已經離開了，就繼續和朋友說話，而那個男人則是繼續對著手機嘀咕，但是我可以清楚地聽到他說：

「瘋婆子……」

　　我又往上看了他，他也用眼角餘光看著我，於是我大聲地、以所有乘客都會轉過頭來看的音量，一個字一個字地對他說：「你現在是對我說瘋婆子嗎？」然後哈哈笑了一聲，那個男子便急忙逃跑。其他人都往我這瞥，我則是當作什麼事都沒發生，繼續和朋友說說笑笑。

　　既然我和那個男人付了相同的車費，我只希望在彼此容許的空間內，不帶給對方麻煩，好好搭乘地鐵而已。但他並不是如此。我對這樣沒有常識的行為感到憤怒。

　　當然，對於打擾到其他乘客這點有點抱歉，可是我認為讓那種人稍微丟個臉都還便宜他了。那種帶給別人麻煩還不懂得道歉的人，那種總是惡人先告狀的人。

　　假如我不是和朋友一起搭車，說不定看到這樣無禮的言

行，也不敢自己一個人當面反駁對方。因為我的反抗，說不定隔壁車廂的其他弱者，也就是像我一樣的年輕女人，反而會成了他的出氣筒。即便如此，我還是不自量力地認為，我必須讓他明白不能如此對待弱者。

挨罵了就知道怕了？以為我是年輕的女人就會悶不吭聲？一開始就不滿的話，直接說出來不就好了嗎？雖然說得含糊不清，但是根據狀況判斷，他嘴裡就是在罵人。我甚至不確定他是不是真的在講電話。

這應該是很多女性熟悉的場景，相同的情況下，也有人會責怪自己為何一句話都不說。但是，這當然不是你的錯，也不是回嘴的我的錯。看不起別人、恣意妄為的另有其人。那些還沒成為文明人的傢伙正是問題所在。

因此，就算要死了我也不會輸給你這個傢伙。請你管好自己那雙軟弱無力的腿，好好遵守公民道德。

腦濕～ 奇勳一直打我～
他也拉我的頭髮～
常常欺負我～

喔～那是因為奇勳喜歡允珠
才那樣的啦～

「喜翻」的話為什麼要打人？

男孩子本來就愛纏著
喜歡的女孩子、捉弄她們呀～

妳正在把學生教育成
會將自己過錯合理化的潛在犯罪者，
還說得這麼理直氣壯啊。

有點嘴饞耶，
敏京妳去把之前剩下的東西
還有水果削一削拿過來吧。

怎麼不把餅熱一熱！
真是的，這孩子怎麼
這麼不會想啊～

醬油呢？

沒有交代妳做的也都要做好，
長輩才會喜歡妳啊。

都幾歲了，還不會削水果？

吼，好了好了。叫妳做還不如讓
小狗做算了。我看妳是嫁不出去了，
妳乾脆去睡妳的覺吧。

今年的重大節日，一起來大肆
宣傳我們這些叫做女兒／媳婦／
太太的奴隸連小事都做不好！

我這輩子聽過最扯的謊言

不是「聖誕老人來了」

因為那個人怎麼看都像
幼稚園園長

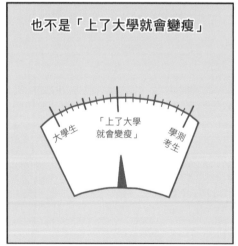

也不是「上了大學就會變瘦」

大學生 「上了大學
就會變瘦」 學測考生

而是在學校課堂上
播放的墮胎影片，
其實是假的。

就是那個什麼
胎兒會發出無聲的慘叫，
閃避手術醫具的影片

那些說「女人的敵人是女人」的人

會不會才是女人真正的敵人？

「女人的敵人是女人」的陷阱

「女人的敵人是女人」，這是女人從小到大聽過無數次的話。連續劇裡有刁難善良女主角的惡女，網路上的討論區裡，每天都看得到有人將男友的女性友人說成是狐狸精的文章，忌妒年輕貌美女職員的老處女上司更是老掉牙的故事了。

但到底是誰創造了這個局面？

當然，在現代社會裡，競爭是無可避免的，人與人之間必定會互相忌妒、猜疑，發生糾紛。可是為何偏偏女人間的競爭，要被貶低為「catfight」呢？相反地，男人絕對不會說出「男人的敵人是男人」這種話。再者，要是男女正面對決，女人自然而然會被形容成「狠心的女人」。由此可知，女人的能力和努力，相較於男人更容易受到貶抑。

如果比較職場的女性上司和男性上司，會發現大家對女性上司的要求較苛刻。部屬期待女性上司能夠既寬容，又有魄

力。這不就像在說「請給我一杯熱的冰美式咖啡」嗎？同樣的業務指示，如果由男性上司執行就是妥當合理，由女性上司執行，部屬便質疑「她是不是討厭我？」、「這真的是合理的指示嗎？」而無法心服口服。（而且如果這是女部屬與女上司的關係，就符合「女人的敵人是女人」了。登愣！）

任職於企業的女性人數比例僅僅1.9%，管理階層只佔了7.1%（根據2016年以韓國1,745家上市公司為對象進行的問卷調查，做出回應的1,228家之平均數值。出處：韓國女性政策研究院）。也就是說管理職90%以上皆由男性佔據了。女性的立足之處已經小得可憐，卻還要受到貶低。甚至在某個問卷調查中問道討厭女性上司的理由，還出現了「比起公司更重視家庭」的答案。但是，我們有必要試著反思，將所有家庭義務推給了女性的，其實正是這個社會。

被冠上「狐狸精」或「女王蜂」稱號的女人也是如此。比起言行舉止，這些名稱反而先強調了她們身為女人的事實。那有可能只是個人的性格扭曲罷了。又或者，她的性格其實

是因為一直以來，父權主義教導女人要討男人歡心才能獲得權力，而導致的結果？

在父權主義、男性所支配的組織結構裡，女性嘗盡苦頭。我認為「女人的敵人是女人」這句話，是意圖讓女性看不清如此不合理的結構，而無法對抗真正的罪魁禍首。這是一個要讓她們轉移注意力，讓身為弱勢的女性互相鬥爭的巨大陰謀。

女人到現在才開始說出自己的經驗，並認知到彼此並非敵人，開始團結合作。雖然還有很長的路要走，不過至少有一點是確定的：以後再也不要重蹈覆轍。未來無論我們對某個人產生任何好惡之情，應該都是基於「這個人」本身，而非因為對方是個女人。也希望下個世代的女性，不會再經歷相同的傷害。

至少，我們別和某些男人一樣，一邊對女人說「知道我當兵多辛苦嗎？妳也來當當看啊！」一邊卻又反對廢除徵兵制。

#METOO運動是
為了阻礙進步的陰謀。

#METOO運動是
為了牽制保守派的手段。

#METOO運動
雖然很好，但要小心
別被政治勢力利用⋯

解讀：
我現在很害怕。

…然後他偷偷溜進我被子裡摸我胸部。
我實在太驚嚇，因為那時候是新生營，
我怕傳出奇怪的謠言，所以不敢叫出聲。

而且隔天
他還裝不
知道。

總之，因為他也是妳的朋友，
我覺得妳應該要知道。

但是…他真的做了那些事？
他應該不是那種人啊？

對妳來說不是那種人啊，
對我來說已經是那種人了。

請從下列選項中，
選出對性暴力受害者
不構成二次傷害的言語。

真的是，一群狗X養的。

① 你應該要報警啊！

② 應該是因為喜歡你才那樣的吧。

③ 他應該不是那樣的人吧。

④ 你？為什麼？
　難道不是你的錯覺嗎？

⑤ 男人原本就那樣。

⑥ 他本來就那樣。

⑦ 你自己要穿成那樣出去，才會遭
　遇這種事啊。

⑧ 你有證據嗎？
　話不能到處亂講的。

⑨ 你有很清白嗎？

⑩ 為什麼不早點講？
　如果早知道的話一定會幫你啊。

#METOO

　在我建立的理論中，有個叫做「我也來試試看」的理論，它的內涵就是假設這世上有十個人，那麼其中只有一個人是非常非常非常壞的人。其餘的人當中只有兩個人有道德感，基於本身的信念、善良等理由，即使有機可乘他們也不會犯罪。至於剩下的七個人是怎麼樣呢？就是只要一有機會，他們會抱著「我也來試試看」的心態做壞事。欺善怕惡，意即欺負弱小的人，卻害怕得罪強硬的惡人，也就是所謂患有「選擇性憤怒調節障礙」的人。

　因此，確實地懲罰那一個非常非常壞的人就顯得很重要。剩下的七個人說穿了就是膽小鬼罷了，骨子裡沒有犯罪的膽量，只要來個殺雞儆猴，他們就想都不敢想了。但假如沒有確實懲罰那唯一的壞人呢？他們便心想：「噢？那不如我也來……？」然後犯了罪。而這些連米蟲都不如的傢伙讓人更

不爽的原因是：第一、總是挑比自己弱小的受害者下手。第二、這些人也知道自己很平庸，因此為了掌握權力，他們建立一個封閉的組織，在這個組織裡徹底將受害者吃乾抹淨後，再把人踢出去。這樣一來，受害者只能永遠地閉上嘴。

　　這就是為什麼我們必須嚴懲那些因為#METOO運動罪行曝光的各個業界中最高層、最有名的人士。不僅是因為這些犯行特別惡劣（雖然被嚴懲的原因，很有可能是因為他們在爬到這個位置之前所犯下的種種罪行，現在才浮出檯面），也因為嚴懲這些加害者的話，業界底層的小嘍囉才不敢任意傷害其他人。

　　所以請繃緊神經吧。掐著你們脖子的不是Me Too或女性主義者，而是你們自己所犯的罪。

Part 3

女人應該要○○

1

同床
異夢

陰蒂就不是在那邊啊…
根本從一開始就只打算摸那邊嘛。

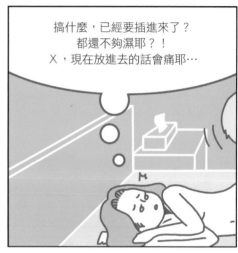

搞什麼,已經要插進來了?
都還不夠濕耶?!
X,現在放進去的話會痛耶…

到底是要換幾次體位啊?!
又不是在做什麼瑜伽!

噢,SEX!

應該不會在我洗澡的時候，
裝什麼針孔偷拍吧？
他把手機放在哪啊？

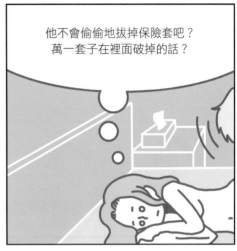

他不會偷偷地拔掉保險套吧？
萬一套子在裡面破掉的話？

萬一懷孕的話怎麼辦？
他一開始就會跟我一起去婦產科嗎？
要是去了以後當場被甩怎麼辦？

噢，SEX！

對SM有幻想的男人中

好像有人無法分辨暴力和
打屁股（spanking）的差別。

即使是普通的性愛，
他們也沒有尊重女性的概念，

更何況是SM。
他們的腦子應該會把「打我屁股」
自動翻譯成「可以把我抓起來揍」。

好想做。

但是不想和非交往對象做。

但是我也不想為了做而和誰交往。

▶再度回到第一幕。

來一場不方便卻美好的性愛

　　現在我要來告訴大家一個機密。就是啊，這是一個和男人上床的大部分女人都知道，而和女人上床的大部分男人都不知道的事實。

　　這個事實就是，
　　大部分的女人在做愛的時候，腦子裡其實正在想著其他事情……！（登愣！）

　　例如剛剛出門的時候忘了關電棒捲電源、待會回家路上要買一下化妝棉……這種事。有些時候還會盯著天花板數壁紙上的圖案，一邊祈禱男人趕快射出來。等到他們終於射精了，才終於結束。然後女人會跑去廁所坐在馬桶上，一邊感受小便出來時那個地方的刺痛感，一邊這樣想：

　　啊，X的，我為什麼要做這種事啊？

女人通常在愛撫的階段，就已經知道這次的性愛將是一場空，但並不會因此阻止對方，而是繼續進行下去。因為怕對方生氣。因為怕他失望。因為怕他責怪我。因為怕他「那邊」再也舉不起。因為怕所謂「男人的自尊」會受傷。最糟糕的情況是，當兩人在最讓人沒有防備的地方獨處，他突然發怒並對我不利。最後的結果恐怕只有痛苦。

為什麼會變成這樣？

最大的原因在於男人的漠不關心。他們並不特別在乎女人的情欲和滿意度，只顧著滿足自己的性欲。這就像自慰一樣，自己快速達到高潮以後就拋下對方。做愛後想要男人抱著自己的女人，與嫌棄這種女人的男人，這種畫面我們是不是已經在媒體上看了無數次？難道真的是因為女人並不想和男人肉體交流，只想要情感上的交流嗎？不是，女人也是人。假如「真正」感到滿足的話，女人也會睡到一動也不

動。問題就出在這裡。到現在，整個社會就是不斷地容忍，學校也告訴我們這是理所當然的。因此以前表面上看起來沒有任何問題，其實正是所有悲劇的開始。

　不過這裡的陷阱是……大部分的女人自己也不知道該如何是好。真正體驗過漫畫或小說裡描寫的那種腦子一片空白、渾身顫抖，像是被雷擊中般火辣刺激性愛的女人究竟有多少？通常會覺得「好……嗎？那叫做『好』嗎？是這樣嗎……嗯，應該算『好』吧」，然後就妥協了。與自己的心情妥協。為了誰？說到底終究是為了對方吧。

　所以我們要自慰。女人也應該經常像男人一樣，為了自己而這麼做。自慰的話才能了解自己的感受。雖然這和真正的性愛感受不同，但自慰的時候，能透過觸摸自己的身體，探索每個部位該如何撫摸才能感到愉悅──女人從來不曾從任何地方學到過這些。

啊，你說男人也沒學過這些？是這樣嗎？男人不是從小到大都以自己的性器官自豪嗎？雖然男人常因為自慰被人發現而成為笑柄，但這也被視為每個人成長過程中必經的、理所當然的行為，他們也不會因為談論這件事而感到難堪。可是女人卻連提都不敢提。

不要說自慰了，女人甚至連自己的那裡，也就是「陰部」長怎樣都不知道，而且還以「祕密的地方」、「神祕的地方」這類名詞包裝，甚至被禁止說出口。（有可能男人之間談論女人性器官的次數，比起女人彼此談論自己性器官的次數還要多更多）女人就是如此地一無所知。我們不知道自己的欲望為何，不知道欲求的方法，不知道其實說出自己的欲望也沒關係。相反地，大家一直教育我們只需要重視男人的欲望。

即便是從現在開始，女人也應該要認識自己。試著自慰、試著看鏡中的自己、試著觸摸自己，做各種嘗試，了解自己的欲望，並去追求。再也不想要痛苦的性愛了。

當然並不是說每次都必須達到性高潮，事實上也無法如此。怎麼可能每次都很好？但是啊，我想說的是，你、男人們，不能不努力讓女人達到性高潮。你們自己都要求女人「吸」或是「往上」、「往下」，那為什麼輪到我們要求就不行呢？沒錯，你們至今都沒有什麼問題，覺得很舒服、很方便。可是我們並不舒服，非常不舒服。現在開始你們也來感受一下。

我們，來一場不方便卻美好的性愛吧。

幼兒期

青少年期

青年期

這麼喜歡做，
卻又做不好的原因究竟是什麼？

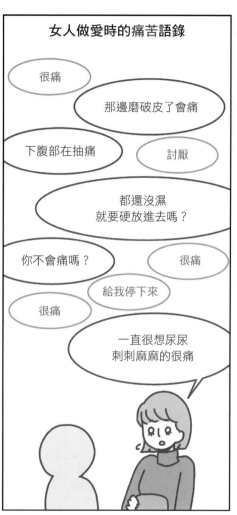

這是月亮杯？
比我想的還大耶。

用這個的話陰道不會變鬆嗎？
一直用的話好像不太衛生。
這要怎麼清洗？放進去不可怕嗎？

你知道我真正害怕的
是什麼嗎？

就是不洗手、不刷牙、沒洗澡的身體，還
有被混雜尿液和精液味道的毛包圍著、
沒有戴套又骯髒的小XX。

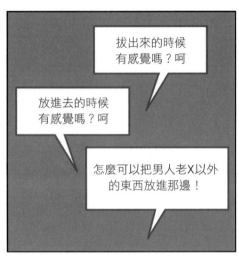

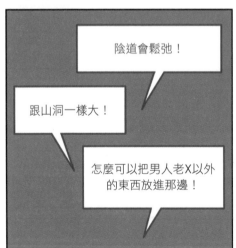

「來來來，歐巴告訴你……」

　　身體不舒服的時候，有一句最討厭聽到的話，那就是「喝杯熱水吧」。不管是喉嚨痛、肚子痛或感冒，一定要我喝熱水。還有，你知道在什麼時候特別討厭聽到這句話嗎？生理期（月經）的時候。

　　的確，在這個時候讓身體變暖，對於生理期和緩解生理痛有幫助。但是這時候男人的愛管閒事，比起其他女性說的話更令人反感。

　　這並不只是因為他們沒有月經的關係。真要說個理由的話，就是當我正因為生理期而痛到哀號，他們會悄悄來到身後說：是不是妳沒運動才這樣啊？還是用了太多塑膠容器，接觸了環境賀爾蒙才會痛啊？聽說紅豆熱敷袋效果不錯，啊，可以喝杯熱水……是因為他們說個沒完沒了，所以才感到厭煩。

除了這些以外，還會說不能吃止痛藥啦、會產生抗藥性啦……十多年來，他們就用這種不知道從哪邊聽來的月經謬論來煩我。正因如此，我不只一兩次希望我下面流的那些血，其實是砍了這些傢伙的腦袋後流出來的。如果沒打算買給我玻璃製的碗、幫我煮個熱水，或是一針一線地縫個紅豆熱敷袋給我的話，就閉上你們的嘴。你們不是知道女人這時候「很敏感」嗎？

而這些男人對月經的好管閒事，在談到需要放進身體內的女性用品（棉條、月亮杯等）時表現最為激烈，簡直要口沫橫飛了。我認為他們如此近乎瘋狂地誓死反對，與可怕的「處女情節」有關。

男人還真敢說他們想要處女。說好聽是出於一片真心，想為了心愛的彼此保留第一次，但大部分男人其實是為了掩蓋

自己性能力差勁的事實，或是想避免被拿來與他人比較。還有其他很多令人不堪想像的噁心理由，而無論原因為何，能夠確定的是他們不把女人當作人看待。

　　假如他們真的將女人看作是有思想、有情感的人類，絕不可能創造出那麼多比喻，例如「殘花」、「開過的鎖」、「需要征服的山」這種話。講白一點，在他們眼裡女人是裝在箱子裡的物品，女人的貞節，也就是處女膜，上面好像貼著「拆封後不可退貨」的貼紙一樣。但令人震驚的是，處女膜事實上並不存在！處女膜根本不是一層膜，也不是用來穿透的，非要解釋的話其實更像是皺摺，總之它並不是貼紙。（想要進一步了解的話請參考其他書籍或文章。）結果，男人竟然因為剝奪了某個原本就不存在的東西而得到快感。這是對假象所產生的卑劣又荒謬的征服欲！也就是「處女崇拜」的本質。

話雖如此，假如其他男人已經碰了處女的話呢？他們心情就委屈了。可是卻不敢魯莽地向那些男人出氣，於是責怪比較好欺負的女人。就憑妳這種已經開過的箱子？既然對他開了，為什麼對我就不能開？妳都跟他睡了，為什麼不能跟我睡？妳可以把那個東西放進去，為什麼不能把我的放進去！那過份的忌妒心，甚至投射到只有食指般大小的棉條上了。

　　甚至有些男人還替女人擔心她們置入或取出棉條的時候「會有感覺」。天啊，比口紅膠細小、毫不起眼、也沒有弧度的一束棉花，到底能讓人有什麼感覺？難不成，是性快感嗎？我說這會不會太看不起女人了啊？（雖然他們向來如此）當初你們那微不足道的東西放進來的時候，我們也沒什麼感覺啊！啊，難道就是因為這樣才擔心的嗎？我才想反問你們到底是對自己多沒信心，竟然會想和棉條競爭？

回到最根本的問題來，這件事到底與你何關？無論我的身體、我的陰部怎麼了，我是不是處女、我放什麼東西進去、陰道是不是鬆了，和你有什麼關係啊？究竟有什麼好感到委屈的？

要我告訴你答案嗎？因為你把女人的身體，甚至是那些素未謀面、不知姓名、以後也絕對不可能見面的女人的身體，都視為自己的所有物，將那虛無荒誕的妄想當真，才會感到委屈吧。

醒醒吧。
我，她，還有她，都不會跟你上床。

3

不懂得
適可而止

沒錯，送禮物的心意
比價格重要。

但是，

無論他是無視我的喜好，
就想用「女生喜歡的
1萬元以下禮物」
這種東西應付我，

或者他不是想要應付，
而是認為1萬塊的東西
很適合我，

又或者他真心認為適合我的東西，
剛剛好值1萬塊。
只花費了1萬塊等值的努力，
就希望我有1萬塊以上那麼開心，
這一切…

嗯，
都很討厭。

Q1 請告訴我第一次和女友共度初夜該怎麼選擇好的摩鐵。

首先，確認一下這裡是不是實施防偷拍措施的「安心區域」。

還有床墊是否有污漬、毛髮、皺摺，枕頭有沒有躺過的痕跡，浴室是否乾淨，牙膏是不是限一次性使用，鏡子是否為雙面鏡，電視機下面閃爍的紅燈是不是攝影機，床邊的面紙盒有沒有安裝針孔…

你還是去飯店吧。

Q2 我沒錢去飯店。

四星級飯店的費用，大概是摩鐵的兩倍多一點點。

就以能夠去摩鐵兩次的錢，改去飯店吧。

Q3 但是摩鐵的C/P值還是比較…

喂

那你就別做愛。

是個覺得C/P值比女友安全還重要的傢伙？

Q4 為什麼這麼討厭摩鐵？

其實我不是討厭摩鐵，
是討厭「休息」。

想到要躺在剛剛不知道有誰躺過的床上，
和他們一樣在這做愛，連好好清洗的時間
都沒有便急忙離開，就覺得不開心。

還有只「休息一下」就走是怎樣？
這麼沒自信嗎？

乾脆宣告「我要和妳激烈地X到
連明天早上都起不來」，
那樣我還會認真地考慮一下。

姊妹們，不要變得誠惶誠恐

　　二十三歲的某個夏季，我結束了一段很糟糕的戀愛。和那個男人的約會模式每次都很類似。每週見面兩三次，吃飯的地方甚至稱不上是餐館，接著去摩鐵休息，做幾個小時後就各自離開。實際上見面的時間很少，所以大部分時候都不是面對面說話，而是透過訊息交談。沒錯，我也經歷過堅信這就是戀愛的時期。

　　誰知道，那傢伙至少和五個女人以這樣的模式往來。

　　現在回過頭想想，那是我身為對男人言聽計從的「概念女」的最後階段，得到的刻骨銘心的教訓。

　　從那之後，我立下了無論如何死都不去摩鐵的鐵律。過了多年，我至今沒再去摩鐵做愛。

現在的我討厭摩鐵的原因，不僅是因為有和那傢伙的記憶，也不只是因為匆忙洗澡、匆忙做愛、匆忙離開的休息文化。

連每間客房備有的一大瓶洗髮精和潤絲精裡，其實還摻雜了其他東西的都市怪談，我都可以無視。但是枕頭上還留有能讓人清楚想像剛才留宿房客長相的粉底、唇印，實在是太過真實了。看到質地粗糙又潮濕的棉被，還有不知道是什麼的毛髮在床上翻滾，這讓我再也無法忍受。我對於只為了一次的性行為就非得找到高評價、後記良好、有「防偷拍安全區域」認證的地方，以及這所有的過程，都感到厭煩。

如果對方對這點有所認知，至少還會比較好溝通，不過大部分時候，他們只關心自己那不值一提的性滿足感。既然得到幾顆星的評價不重要，那去我選的地方也沒差不是嗎？在

亟欲解決性需求的「緊急狀態」下還去計較C/P值的男人，未來戀愛的情況會是什麼模樣，結果顯而易見。為了我的安全，連這些也無法忍受、不想要去理解的男人，我再也沒有理由把他們當作戀愛對象交往。我認為，我，以及我們，完全有資格在這種情況下當個自私的人。

在這裡我們不會去討論分攤住宿費的問題，也不會談女人為了一次的性行為，必須承受多少煩惱和危險。（這個問題將在下一章處理）如果問我，只是想要打炮，為什麼要計較這麼多，那我能回應的只有這句話：我也很討厭處在必須如此斤斤計較的情況。

我認為不會只有我是這樣想的。我真心希望，我的朋友、身邊的人，都不要成為隱藏自己的不安和不滿，認為「這樣我就滿足了」的人。

4

女人為什麼只和
還不錯的男人交往呢？

5樓。

我的腋下除毛了嗎？
今天的內衣褲是成套的⋯
啊，這間摩鐵是防偷拍的
安心區域嗎？
總覺得有點不安。

不過他應該有帶保險套吧？
還是要把我帶的拿出來呢？
但如果拿出我的保險套，他會不會
以為我是經常待機中的浪女呢？

今天要她用嘴巴幫我弄嗎？

寶貝，我們今天可以不用套子嗎？

我忘了買了～

認真？！確定？？不戴也沒關係？

呃，嗯。

好啊～那麼寶貝你今天一！定！要射在裡面，然後我們就一舉得子吧？最近大家不都把孩子當嫁妝嘛～

今天懷孕的話，差不多明年出生吧？那冬天結束之前安排雙方父母相見吧～我還想在肚子變大之前舉辦婚禮！

現在不是還有人先有後婚嗎？你說是不是？

懷孕的話身體也會變笨重，必須放棄學業～那樣學歷不好看，求職會有困難，不過反正寶、寶貝你會養我啊～

欸？去哪了？

我去買保險套…

馬麻～這是什麼意思？

那是身體不太方便的人～

那這是什麼？

這是爺爺、奶奶的意思～

那這個是？

這是快要生小孩的人～

那個叔叔什麼時候
要生小孩啊？

懷孕對男人來說是？

是福氣！

懷孕對女人來說是？

以為只要漂漂亮亮地等肚子變大就好哪知道到最後一個月無時無刻都在嘔吐還有胃潰瘍所有器官受到鼓脹的子宮擠壓還得了膀胱炎和便祕每天晚上因為血氣不通腿變成青色為了按摩腿而醒來還有貧血症狀自己的養分要分給胎兒所以缺鈣缺礦物質缺維他命全部都缺乏還有骨質疏鬆症狀生產到一半骨盆破裂脊髓損傷所以下半身有一半麻痺會陰還被剪開老公說我變胖了也不顧小孩老實說要是知道會這麼辛苦我絕對不會生小孩但是如果我說了這些話一定會被所有人罵

是福氣。

女人為什麼只和還不錯的男人交往呢？

（a.k.a. 為什麼女人必須只和還不錯的男人交往呢？）

　　為什麼女人只和還不錯（年輕高富帥）的男人交往？大家是看太多連續劇變得虛榮奢侈，所以不和我這種男人往來嗎？為什麼結帳的時候女人不付錢？因為女性主義猖獗，所以識大體的女生越來越少了嗎？如果聽到以上這些問題⋯⋯

　　讓我們思考一下。假定即使用了所有安全措施還是懷孕了（這種可能性其實頗高！），在這個國家如果不情願地懷孕了，是不能打掉孩子的。拿掉孩子的話，也只有女人會受到懲罰。無可奈何下只能懷胎十月，但是生下孩子後，比這些更過份的事情還在後頭。

　　如果男人留下來了，說他願意結婚、負起責任這種鬼話，可能還算幸運的了。某些男人則是感到包袱太沉重、無法承受，卑鄙地落跑或消失無蹤。但真正沉重的包袱在我的身體裡成長茁壯，而正在感受這一切、承擔這一切的人也正是我。幫助未婚媽媽的法案或是支援簡直比鼻屎還要微不足

道，事實上女人在沒有任何援助下要獨自養育一個孩子幾乎是不可能。就算決定要將孩子出養或是送到育幼院，這也是在女人的社會地位遭到抹煞的後話了。

萬一結婚的話，後面還有對育兒的賭注、對生計的賭注、代替丈夫孝親等事情在等著。因為無法舉辦正式的婚禮，各種閒言閒語會永遠跟隨我，我的名字也馬上成了「XX的媽媽」。不對！是成了「媽蟲」啊！而且一輩子都要對父母感到愧疚。如果是學生的話要中斷學業，上班族的話要中斷職涯，這都只是基本而已，至於就業和二度就業更是連作夢都不敢了。就這樣，再會了，我的人生。

這只是我透過旁觀而寫成（卻又再普遍不過）的案例。如果是做到一半保險套破掉了呢？馬上去婦產科或急診室，自費拿處方籤，吃下一顆要價1萬元的緊急避孕藥。吃了藥以後，肚子感到噁心，下體還會突然出血，月經週期變得非常紊亂，不知道會從什麼時候開始。即便如此還是無法百分之百完全避孕。

想說事前口服避孕藥會比較安全吧？所以用了口服避孕藥，但是有可能接下來整個月每天都會出血，感到噁心想吐，皮膚還會長東西。為了在無數的避孕藥品牌中尋找適合自己的藥，每個月都必須將自己當成白老鼠做實驗。這個月是欣X妊、下個月是祈X安，下下個月是悅X等等。在這種情況下，如果說出自己吃了避孕藥的話，很多男人就會提議不戴套上床，直接撲上來。噴！

　　而且即使戴了套、乾乾淨淨地做愛，女人因為尿道和陰道口很接近，那些對男人不會有任何影響的細菌，卻會讓女人感染膀胱炎、陰道炎。因為男人從洗手間出來都不洗手，女人每次都必須檢查、消毒，還要花5萬元以上去看婦產科。當然這不在保險範圍內。身體一定會痛、會不舒服，可是也不能說出來。這就是現實。

　　換句話說，這整個過程中所消耗、撕裂的，只有女人的身體和精神罷了。（當然，還有荷包。）無論如何，身為女人

的我，怎麼看都只有死路一條，如果是你的話還會想和不起眼的男人交往和上床嗎？至少也要和有能力應付未知狀況又令人有安全感的男人、在精神或物質上有優勢、有傳承這個基因的價值，或是願意支持我的男人見面吧。

男人只要插入以後嘿咻嘿咻幾下然後射精就結束了，女人則會在那短短的瞬間思考這所有的事情。因為如果不這樣的話，整個人生都會完蛋。

在讀這篇文章以前，有許多男人並不知道女人每次從事性行為都必須承受如此巨大的風險。既然現在知道了，那麼與其糾纏、脅迫、利誘或責難那些不願意和你發生性關係的女性，就當為了自己著想，努力成長為一個具有基因遺傳價值的人，是不是更明智呢？即使是在性行為如此私密的事情上，女人甚至不是站在一個傾斜的兩性蹺蹺板上，而是站在折斷的蹺蹺板的彼端。

如果認知到這點還不立即改正的話，那你永遠都不會被看上。要是連交往的機會都沒有，在繁衍的過程中遭到淘汰將是必然之事。

5

My Body,
Your Choice ?

看到最近市面上
Free Size的衣服突然想到，

無糖、無脂肪食物
不是叫做Sugar Free、Fat Free嗎？

同樣的道理，Free Size的衣服，

是不是因為沒有我的Size
所以叫做Free Size呢？

年紀小小就已經開始打扮了？
小孩就要有小孩的樣子啊。

第一性徵

學生的本分就是唸書，
而且這個年紀不打扮最漂亮。

第二性徵

都這個年紀了還不學化妝在幹嘛啊？
出門稍微打扮一下啦。

成人

到底是要我怎樣啊？
講話顛三倒四的！

棒　棒

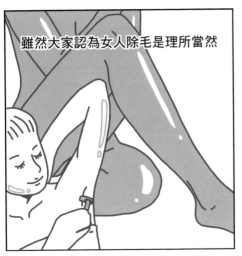

雖然大家認為女人除毛是理所當然

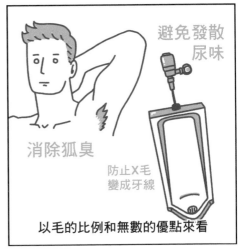

避免發散
尿味

消除狐臭

防止X毛
變成牙線

以毛的比例和無數的優點來看

不會把內褲
前後弄髒

再也無法
圖像化的X眼
周圍的毛

放屁的時候
更涼快

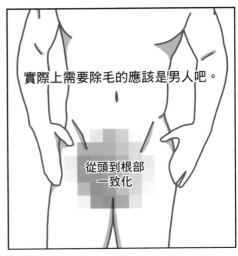

實際上需要除毛的應該是男人吧。

從頭到根部
一致化

我們想要長得帥的男人

　　我算是心胸非常寬厚的了。對於「帥」的標準很寬鬆，認定外表「還不錯」的範圍也很廣。但是經過鬧區時，以這樣的標準看來還算得上相貌清秀的男人，卻是屈指可數。而符合相同標準的女人可是有幾百人呢。難道真如傳聞所說，帥哥都在某個演藝經紀公司的地下練習室嗎？有時候甚至一整天都看不到任何一個「帥」的男人。這究竟是為什麼？即使是爸爸褪色的照片裡的所有男子，看起來都比現在街上遇見的男人還帥，那樣的基因都跑哪去了？

　　我認為是覺得「男人長得醜也沒關係」的環境讓男人成了這副德性。

　　過去女人不斷被灌輸挑男人不能看外表的觀念。比起男人的外表更要看能力、個性、幽默感，各種的替代條件都出來了。但是我說啊，所以他們擁有這些要素中任何一項了嗎？

還是他們賺的年薪，足夠讓女人連手都不需要動就能過日子？能夠細心溫柔地對待女人嗎？擁有可以讓女人一輩子都笑破肚皮的幽默感嗎？

沒有嘛。

或許有人會說：「那你呢？」這句正是我想說的話。我想把這句話原原本本地還回去。

男人長久以來，無論自己生得什麼模樣，都想要長得漂亮、留著直長髮、身高160公分、體重45公斤以下，還擁有大胸部的女人，他們無時無刻都理直氣壯地想要這樣的女人。而女人為了符合這種標準，長久以來透過整形、減肥和所有的方法來逼迫自己。即便如此，男人仍然持續對女人品頭論足，一旦有人稍微脫離了這個標準，便鋪天蓋地大肆譴責、批判。無論對方是不是自己的戀愛對象。

只有這些嗎？他們要求處女的同時，還要找自己一個人住又容易喝醉的女人，希望她們白天是淑女，晚上是浪女。還說現在的女人必須要有能力，約會的時候要分攤費用，婚後也要工作，育兒、家務、婆家等大小事，不也希望女人全部包辦嗎？他們期待女人一人分飾母親、太太、媳婦、女友、女兒等所有角色，只要無法勝任其中任何一角，就會用盡一切責怪她們。

　　可是男人呢？為什麼連「長得不好看」這唯一的批評都無法忍受？（而這還是事實。當然，我們不能草率地以貌取人，這裡說的僅適用於戀愛擇偶的市場，因此千萬別誤解。畢竟戀愛的時候，外表是非常個人、非常主觀的條件，同時也是相當有影響力的因素。）

　　只要說自己喜歡長得帥的男人，總會聽到這句話：「臉長得帥是能吃嗎？」那長得醜的男人又有什麼不同？而且什麼

叫做能不能吃，我們是殭屍嗎？現在如果看到其貌不揚的男藝人、男演員冠上「大眾版XXX」或「國民曖昧男」這種稱號，我都會看成是企圖要女人降低眼光的全國性陰謀。我們才不買帳。每次都說自己只要「最頂級」的女人，為什麼卻要求女人和「大眾版」、「廉價版」的男人交往？才不要。乾脆不要交往好了，總是要人降低眼光。而這如果是由「搭訕的一方」強硬要求的話，不是很可笑嘛！

我們也不期望遇到童話故事裡的白馬王子，但至少不會再被「知足才能常樂」這種謊言欺騙。我們要追求比這更好的對象。雖然每個女人各有各的標準，不過在這裡我試著從以前經常被大肆批判的「外貌」這點出發。

這時候自然會有中立的意見表示，不論對象是男是女，以貌取人的一方就是壞人。可是目前為止一直當壞人的又是誰

呢？有點良心吧。對於這種將責任轉嫁到對方身上的胡說八道，我已經厭倦了。我們可以要求更多。以前連自己想和帥哥交往這種話都說不出口的我們，可以再多說一點：「我想要長得帥的男人！」

　　因此，假如希望自己在擇偶市場上至少能展現一點魅力的話，從現在開始無論是自我啟發、成長、管理，全都嘗試看看吧。或是至少要拋棄不肯自我反省，只會責怪他人的壞習慣！

6

名為友軍的敵人

看最近女學生打扮的樣子，
覺得世界末日好像要到了。

就是説啊～所以才會有
「沙龍潛力股」的説法啊！

「沙龍潛力股」是什麼啊？

就是有潛力到沙龍酒店
上班的意思啊～
大家最近也都這樣稱呼在那
上班的女生，原來妳們不知道啊！

我們先讓女老師回家，
男生再去第二攤怎麼樣？

女生太晚回去
會危險

我看所謂「沙龍潛力股」
應該是在説他們吧？

懷抱著上沙龍酒店美夢的
噁爛潛力股。

那些明明是有婦之夫，
還以戀愛為藉口來哄女人的男人，
十之八九會舉法國文化當例子，

那他們怎麼不去法國生活算了。

否則至少也要達到那樣的水準吧。

法國麵包和青陽辣椒根本
不在同一個水平上啊。

可以到府按摩嗎？

有提供額外服務嗎？

哇，竟然也有韓國女生做的地方喔？

按摩師

那妳的筋骨一定很～軟吧。呵。妳的男朋友很幸福齁～

男性會員可以好好養眼一下了～

瑜伽老師

刺青的時候要脫光衣服嗎？

我沒有奇怪的意思啦，是因為怕被墨水弄髒。呵。

「那邊」也可以刺青嗎？

刺青師

██寄宿症候群

██侵蝕人的大腦，會讓人把日常生活中遇到的任何職業女性都看成了██。

我們國家的女性主義出了問題

　　「我也支持女性主義，但是我們國家的女性主義好像變質了。就像是Megalia[3]網站的激進女權份子一樣，做的每件事情都很激烈，把所有男人都一概而論，當成潛在的罪犯，隨便謾罵。這應該叫做『女拳』吧。常常這樣子，要別人怎麼幫忙？最後反而會失去潛在的友軍啊。」

　　以上是在說出自己支持女性主義後，一定曾經聽過的回應。

　　雖然我想批評的點很多，但是對於「激烈」這點最難以理解。難道女人是丟擲汽油彈了嗎？還是對路上的男人潑鹽酸？或是將幾個男人趕進一個地方然後噴灑毒氣？我們不過是大喊：「不可以！不要這樣做」罷了，但是他們依然不肯停手，所以才喝斥：「叫你不要再做了你這個王X蛋！」這樣子就覺得不舒服啊⋯⋯哇，那大家是怎麼靠如此脆弱的自我在這險峻的世界生存下來的呢？

註3. 2015～2017年間存在於韓國的女性主義論壇，由於網站上多有偏激的厭男言論，普遍被視為激進女性主義者使用的網站。許多時下網路使用者，將該網站名稱的前綴「Megal」應用在與激進女性主義者或偏激厭男言論相關的詞彙，亦成為單純用於謾罵、歧視女性的詞。

其實反應過激的人，正是威脅我們不要將所有男人一概而論、別把我當潛在罪犯的你們吧。

不只如此，前面才說「不要一概而論」，卻又主張「男人本來就是這樣」，這又是怎麼回事？話都是你們在說啊？「男人本來就是禽獸」、「男人本來就無法控制性欲」，在電影、戲劇、新聞、書籍，甚至教科書裡，全都將男人形容成禽獸、無法控制欲望的野蠻人啊。咦？等等。這不正是所謂將男人看作是潛在罪犯的意思嗎？男人們，就是這個！你們真正的敵人在此！「詆毀男人」的罪魁禍首就在這裡！
啊，真的是極度幼稚，無比矛盾呢。

事實上他們早就知道問題出在哪了，所以才擔心。他們擔心女人再也不看自己的臉色行事。他們也感到害怕。害怕女人發現過去經歷的事情其實是暴力。當男人直視這些事實的

瞬間，即必須承認自己是加害者，為了不成為眾矢之的，他們因此死命否認。該說這是最後的掙扎嗎？可是怎麼辦呢，時光流逝，這個世界已經在改變了。

我們沒有必要對女性主義和女人產生共鳴，反正人類原本就無法百分之百理解他人。不了解也沒關係。我們不用牽起彼此的手，也不需要擦掉別人的眼淚。即使如此，仍然真的真的真的想要幫上忙的話，麻煩閉上嘴吧。不要摀住女人的嘴，不要擋住女人的去路，不要阻礙女人的人生。既然要幫忙，就安分一點吧。我們不需要無法立即幫上忙的友軍。

如果他們非要說自己是潛在友軍呢？
嗯，這樣的話，那只好讓他們永遠潛在水裡了。

7

This Is What a Feminist
Looks Like

男人想像的女性主義者

社會想像的女性主義者

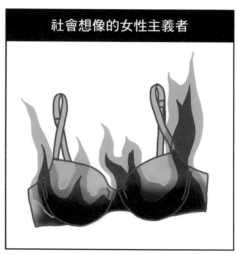

女人想像的女性主義者

真正的女性主義者

「你長得好像女性主義者喔」

　　某些男人在攻擊那些談論女性主義或實踐女性主義的女人時，會使用「空哐」或是「Megal空哐（Megalia＋空哐）」來稱呼她們，這是從形容一個人身軀碩大、走起路來發出巨大聲響的狀聲詞「空哐空哐」而來，也就是說胖嘟嘟又不好看的女人，因為得不到男人的愛而成為女性主義者的意思。然而有位男性漫畫家，向來在自己的漫畫中將女性主義者描繪成外貌胖嘟嘟、惹人厭的女性形象，在聽到別人批評自己「長得很醜」後卻發了好幾天脾氣，想想還真是諷刺。

　　從19世紀後期到20世紀初期，開啟英國第一代女性參政權運動的婦女政權論者（suffragette）也遭遇相同的狀況。當時的男性也嘲諷那些婦女政權論者一定是得不到男人的愛、長相醜陋的女性。不過這已經是100年前的事了，看來我們真是一點進展都沒有。

我們都很清楚這有多麼不合理。我們都知道女性並不是為了男性而存在，因此女性主義者嘲笑那些試圖貶低女性的男人。

但當女性在談論自己的外表時，女性主義者之間的意見也產生分歧，因為社會上存在著許多不同的思考脈絡和面向。她們會檢討自己的喜好是不是迎合了這個社會強加於女性的刻板形象？自己是否缺乏性別意識？也會批判那些尚未從過去束縛女性的「馬甲」中掙脫的人。

我認為女性主義者的樣貌，並非一定是這樣或那樣，沒有既定的標準。有可能是胖的，有可能是瘦的，有可能是長髮，有可能是短髮。有人說素顏並戴著黑色口罩、不穿胸罩的人就是女性主義者。還有人說頭髮染成彩虹色、眼線畫到太陽穴、嘴唇塗上大紅色的人是女性主義者。然而，女性主義者也可能留著一頭長

捲髮、穿著滿滿荷葉邊的洋裝，或是穿著像所謂的「清潭洞媳婦Look」般時尚、畫著柔和的妝容。

這並沒有正確答案。

那些流傳關於「真正的女性主義者」外表的言論根本毫無邏輯可言。如果認為女性主義者的外表有既定的形象，這和那些以提著香X兒皮包或是環保袋，來區分哪個女人拜金、哪個是概念女的人並沒有什麼不同。對於此種刻板印象區分法的批判，可能很多人聽都聽膩了，但卻是不爭的事實。

當然，沒有人能真正跳脫社會的期待。人類是依循慣性的動物，因此深入研究與思考自己的喜好到底從何而來，這個認識自我的過程，是非常有意義的。那些曾因為受限於「女性」的框架

中而無法大膽嘗試的人，或是壓迫自我的人，開始從過去的束縛中掙脫的過程，也是自我認識過程的一部分。近期在女性主義者之間引起廣泛討論的「掙脫馬甲」，便是從同一脈絡而來。

　　從以前到現在，女性主義者對抗父權社會的方式與策略不停地改變，對於該如何「掙脫馬甲」也都有各自的想法。因為個別女性所受到的壓迫各異，為了從中逃脫所做的努力與侷限必定各不相同。然而，目的都只有一個，就是從社會對女性施加的壓迫中解脫成為獨立的個體，去尋找個人的自由。我認為即使程度上或採取的方法有所差異，為了從自身的壓迫當中逃脫的任何嘗試，都是在掙脫馬甲。我誠心支持大家各自所做的努力，但是無論是否曾經試圖掙脫，都不應該因此受到他人的譴責。

只有女人必須化妝的社會，並不是由女人所創造。女人的穿著成為他人鑑賞的對象，也不是女人的錯。這個男人即使不裝扮、稍微變胖也沒關係，女人則必須死命減肥、聽盡各種惡毒的話、打扮自己的世界，也不是哪個人所造成。現代的社會，使女人無法對自己原本的樣子感到滿意，因此現代女性所做的任何嘗試，甚至是「掙脫馬甲」的正當性都會受到質疑。

　　然而真正該受到批判的對象，是以既定框架強加於女性的社會，而不是在這個社會裡為了生存而掙扎的個人。女性主義，是女人以及我們全體為了生存所使用的道具，而非目的。我們所有人，都長得像女性主義者。

∷後記

　　剛開始畫漫畫的時候，也就是《狂女的逆襲》連書名都還沒有的時候，我想要畫的是「簡單易讀的漫畫」。當時也盡可能不使用「女性主義」的字眼。並不是因為我不是一個女性主義者，而是因為那些將「女性主義」一詞污名化的人。

　　我只是想要呈現事實，呈現女人生活在一個怎樣的世界，一個多麼不公平的世界。還想要看到她們在一點一滴的閱讀以後，某天抬起頭來頓悟「原來這也是女性主義？」的反應。但是在那之前，身為女性的我，不過是寫了關於女人的故事，就成了他人口中「垃圾女權」的一員。多虧了這樣的經歷，書名《狂女的逆襲》因此誕生，並連載、出版。

　　然而，對於已經鑽研過女性主義的人來說，我的書可能過於粗淺，認為我的漫畫裡看不到解決的辦法或答案，或質疑痛快撂下

狠話以後，現實又會怎麼發展呢？沒錯，我的漫畫可能無法解決什麼問題，也無法立即拯救某個正在死去的靈魂，不能逮捕傷害了某個人的罪犯，或是讓眼前某個人能受益的法案通過。

這些事難以單憑一己之力達成。因此之後的故事、解決辦法，或是完全不同的論點，我認為應該由其他更多的女性站出來發言。關於女性的討論還不夠多嗎？不覺得浪費時間嗎？並不會，一點都不夠。要趕上男性氾濫的自我感覺良好論述，還差了好一大段距離。只要發言、躁動、思考的女性越來越多，隨之累積的資料將會成為我們的力量。所以我非常樂意支持未來其他人分享更多關於女性的故事，因為我相信我所做不到的事，一定有人能夠完成。

＊

　大家都在問，所以，「狂女」究竟是什麼？

　我將「狂女」定義為將自己的欲望看得比他人的眼光更重要的女人。那「欲望」又是什麼呢？根據標準國語字典的定義是：「因為感到不足，而想要擁有或是享受某種東西的意念」。對女性而言，連最基本的東西都能成為欲望，因為她們處在相當匱乏的狀態中。然而這個社會卻對女人有更多要求。要求她們更在乎、更重視他人的眼光，這無異於要她們自我束縛，實在是讓人喘不過氣。而且一旦稍微跳脫，就會遭到大肆撻伐，被罵「大醬女」、「泡菜女」、「賤女人」。所以我是這麼想的，既然無論做什麼事都會挨罵，那乾脆做了我想做的事情再挨罵吧。如果有能力為自己做選擇就是個賤人，那我寧願當一個「賤人」。

即使面前有無數條能夠選擇的叉路、即使這條路上佈滿了荊棘，我仍舊會義無反顧。

　　所以我是個賤人。而且能這樣稱呼我的人只有我自己。為了我自己，以後我還是會繼續追求我的欲望。

　　我會為那些選擇勇於追求自己欲望的所有人加油。狂女們，Fighting！

　　感謝總是在我身邊支持我的姊姊，相信我的選擇並為我加油的媽媽和爸爸，需要幫助、安慰的時候鼎力相助的摯友們，成為我堅實後盾的Jea Dam Media、Wisdom House，以及在我奮鬥、受傷後，讓我有勇氣再度站起來的所有女性。

狂女的逆襲

作　　者 — 閔瑞瑛 (민서영)
譯　　者 — 劉宛昀
發 行 人 — 王春申
總 編 輯 — 李進文
編輯指導 — 林明昌
主　　編 — 張召儀
翻譯協力 — 韓知旻
封面設計 — 高小茲
美術設計 — 陳語萱 Ivy

業務經理 — 陳英哲
行銷企劃 — 魏宏量、張傑凱
出版發行 — 臺灣商務印書館股份有限公司
　　　　　23141 新北市新店區民權路 108-3 號 5 樓（同門市地址）
電話◎ (02)8667-3712 傳真◎ (02)8667-3709
讀者服務專線◎ 0800056196
郵撥◎ 0000165-1
E-mail ◎ ecptw@cptw.com.tw
網路書店網址◎ www.cptw.com.tw
Facebook ◎ facebook.com.tw/ecptw

局版北市業字第 993 號
初版：2019 年 5 月
印刷：禹利電子分色有限公司
定價：新台幣 360 元
法律顧問：何一芃律師事務所
有著作權‧翻印必究
如有破損或裝訂錯誤，請寄回本公司更換

국가도서관출판품예행편목 (CIP) 자료

狂女的逆襲 / 閔瑞瑛著；劉宛昀譯 . -- 初版 .
-- 新北市：臺灣商務 , 2019.05

240 面；15.3 x 17.8 公分

ISBN 978-957-05-3202-9（平裝）

1. 女性 2. 女性主義

544.52　　　　　　　　　　108004442

臺灣商務官網　　　　臉書專頁